DASHUJU SHIDAI DE
ZHONGGUO GAOXIAO XUESHU QIKAN

大数据时代的
中国高校学术期刊

孙俊青　周小华　◎著

知识产权出版社
全国百佳图书出版单位

图书在版编目（CIP）数据

大数据时代的中国高校学术期刊/孙俊青，周小华著. —北京：知识产权出版社，2016. 8

ISBN 978 – 7 – 5130 – 4099 – 0

Ⅰ.①大… Ⅱ.①孙… ②周… Ⅲ.①高等学校—学术期刊—研究—中国 Ⅳ.①G237. 5

中国版本图书馆 CIP 数据核字（2016）第 056664 号

内容提要

近年来，伴随着文化体制改革的不断推进，我国学术期刊的改革一再被提起。在顶层设计部门层层推进的同时，无数的学术期刊在体制未变的情况下进行了各方面的探索，包括中国高校系列网刊的制作出版、教育名刊名栏的推选以及学术期刊平台的建立和完善等。本书作者就学术期刊的存在价值、改革愿景、改革途径等内容进行了问卷调查，通过分类统计分析，就学术期刊的现状和存在的问题进行了探讨。结合大数据时代学术期刊的转型特点，提出中国学术期刊的未来发展，应该以数字化实现专业化、服务方向从整体满足向个体定制转变，适时组建高校学术期刊联盟。

本书为北京市教育委员会面上项目"大数据时代的中国学术期刊转型研究"（SQSM201411417004）的研究成果。

责任编辑：兰 涛	责任校对：韩秀天
封面设计：春天书装	责任出版：刘译文

大数据时代的中国高校学术期刊
孙俊青　周小华　著

出版发行：知识产权出版社有限责任公司	网　址：http://www.ipph.cn
社　址：北京市海淀区西外太平庄 55 号	邮　编：100081
责编电话：010 – 82000860 转 8325	责编邮箱：lantao@cnipr.com
发行电话：010 – 82000860 转 8101/8102	发行传真：010 – 82000893/82005070/82000270
印　刷：北京嘉恒彩色印刷有限责任公司	经　销：各大网上书店、新华书店及相关专业书店
开　本：787mm×1092mm　1/16	印　张：13
版　次：2016 年 8 月第 1 版	印　次：2016 年 8 月第 1 次印刷
字　数：202 千字	定　价：35.00 元

ISBN 978-7-5130-4099-0

目　录

第一章　大数据时代的中国学术期刊现状

第一节　学术期刊的发展历程

高校学术期刊是指那些由高校主办的以学术交流、展示学术成果、发布学术信息为主的理论刊物。目前在我国高校主办的学术刊物中，分为两大类，即大学学报和专业类期刊。一般来讲，大学学报是由高校主办的综合性的学术刊物，而由高校各院系主办的期刊则更多的是与院系学科结合比较紧密地专业类杂志。高校学术期刊的产生有着悠久的历史，时至今日，在文化体制改革的背景下，高校学术期刊也迎来了新的挑战。

高校学术期刊的产生和发展

1977 年，我国高校的学报种类大概有 150 种，到 1987 年，我国高校学报的数量有所增加，数量达到 393 种。目前，我国高等学校文科学报大概已发展到 1130 多种。❶

从 1977 年的 150 种学报，发展到目前的 1130 多种学报，可以说，在数量上有了极大的增长，但是数量的增长并不等于是质量的提高，有的时候可以说反过来，数量的增长制约了我国高校学术期刊质量的提高。我国高校的学术期刊界如何改变质量不高的状况呢？政府主管部门也在下力气，从 2003 年开始，教育部出台了"教育部高校哲学、社会科学名刊工程"，首期和第二期一共推出了 18 家高校的名刊。教育部之所以要推出这些名刊，是为了打造名刊，希望通过 5 年的时间打造出 10 ~ 20 家在国内有

---

❶ 姚申. 首届高校学术期刊发展论坛［EB/OL］. http：//live. jcrb. com/html/2007/31. htm.

影响、在国际上有知名度的高校学术期刊，同时希望通过这些高校的名刊起到一个示范作用，改变目前高校学报"千刊一面"的状况。为此，国家新闻出版总署、国家哲学社会科学规划办公室利用国家社科基金先后资助了200家学术期刊。

高校学术期刊在这三四十年的发展历程中，确实对我国的学术发展做出了巨大的贡献。也正是基于此，高校学术研究在整个中国的学术事业发展中发挥着重要的作用。南京大学信息管理系博士生导师、国家重点学科情报学学科首席学术带头人苏新宁教授在《中国人文社会科学期刊学术影响力报告》中谈到学术规范量化指标包括：期刊篇均引用文献数量、基金论文比例、作者地区广大、标注作者机构论文以及本机构论文比例，其中特意提到最后一条只针对高校学报系列。二次文献四项指标中的一项《高等学校文科学术文摘》也同样只适用普通高校综合性学报。《人大复印资料》每年从国内公开出版的4000余种期刊和报纸上搜集、精选并转载人文社科学术论文，对全国各类高等院校主办的1150种学报也进行了筛选。以2013年为例，"复印报刊资料"学术期刊全文转载的学报有406种，约占总数的35.3%；共被转载全文总数为2395篇，约占"复印报刊资料"学术期刊全文转载总量（12 569篇）的19.1%，其中，转载量排在前100名的期刊共被转载1566篇，约占"复印报刊资料"学术期刊全文转载总量的12.5%。由此也可以看到，高校学报在学术界的重要影响力。

第二节　学术期刊的生存现状

我国现有9821种期刊，其中各级、各类高校所办期刊共有2500多种，约占全国期刊总数的1/4；其中大学学报共有1700种左右，占高校期刊总数的67%，平均每所高校主办有1.26种期刊。这1700种学报中绝大部分又是学术期刊。原新闻出版总署副署长李东东曾表示，高校学术期刊作为期刊发展中的一个特殊种类，在期刊的发展改革中有着非常重要的地位。一些高校期刊和学报成为代表相关领域最高水平的学术刊物。但高校期刊内向型、综合性、不具备法人资格等特点也制约着它们的进一步发展，与高校在国家学术研究领域的地位和作用很不相称。高校学术期刊改革的呼声由来已久，对这一问题的研究也是近年来的热点。

经过 30 多年的改革开放，我国高校学术期刊所赖以生存和发展的基础、体制环境、社会条件等都发生了深刻的变化。"文革"之后，百废待兴，各高校、科研院所的科研人员学术研究热情高涨，当时在计划经济体制下进行的基本刊号的配置，成立了各高校学报，为广大的科研工作者、高校教师提供了学术论文发表、交流的平台，对我国学术事业的发展确实起到了非常重要的作用。目前我国学术论文的数量已经跃居世界第一，学术质量也有较大的提升，而这其中高校学术期刊做出了很大的贡献。但是，现在已经进入了新世纪，各种条件发生了变化，主要表现在以下几个方面。

一、高校学术期刊的传统生存环境发生了很大变化

高校学术期刊设立之初，正值我国改革开放之初，广大的学术工作者查阅资料和发表论文的平台就是学报等学术期刊，而高校学报则是学术交流、学术争论的集中地，当时，资料的借阅、检索还完全依赖于人工。而高校学术期刊作为科研成果的发布阵地、科技信息的传播渠道、进行科学研究的主要参阅对象，留存价值很高，充分发挥了学术刊物的积极作用。目前，随着互联网技术的飞速发展，各专业的期刊数据库陆续建立并不断完善，各高校的学术期刊电子版可以一览无余，查阅方便，大量纸质的学术期刊乏人问津。纸质学术期刊的生存环境进一步萎缩了，生存压力增大。

随着核心期刊评价体系的引进和研发，高校学报在科研人员心目中的学术地位急剧下降。几大核心期刊评价机构较为关注期刊指数是：影响因子、转摘转载量、引文索引等。这种评价机制很显然不利于学术期刊的评价。加上国内出现了对核心期刊的盲从，从职称评定、科研考核、硕博士毕业等关乎广大高校师生切身利益的事情都跟核心期刊挂钩，这就形成了大家对核心期刊趋之若鹜，而疏远了普通学报。首先，据统计，高校自然科学方面专家学者的最新研究成果一般都投往国外期刊。因为各高校在对专家学者的科研考核评定中，国外刊发的论文通常权重指数都高于国内刊发的论文。其次，高校的专家学者是将科研论文投往国内中科院科研院所

办的专业类杂志，而高校学术期刊则被视为最后的"候补"。高校专家学者在人文社科方面的优秀稿件也是优先考虑投到国内社科院所办的各专业期刊，社科院办的核心期刊有70%的稿源是来源于高校。[2]但是在高校自己主办的学报中，本校乃至其他高校专家的稿子却不多。而社科院等研究机构，有的并不按照所谓的"核心期刊"的规定来严格考核；如果高校编辑下点功夫，如加大稿酬力度、人情联络等，反倒能约到社科院等研究机构的好稿件。时至今日，高校学术期刊的发展也已经与创刊时的定位有了一些偏差。高校学术期刊从一开始的定位就是为高校的科研服务，发挥"窗口"作用。读者的定位是高校师生和科研工作者，这是当时教育部的文件所规定的，也成了这2000余家学报的宗旨和"指挥棒"。在目前情况下，高校学术期刊的发展已经与当时为"高校的科研服务""发挥窗口作用"的定位渐行渐远。

作为学术成果发表的园地和学术交流的平台，高校学术期刊最初定位的繁荣学术的目的已经达到了，现在已经进入了学术上"精耕细作"的时代。这就使得原来的立足于发展高校科研工作的学术期刊，显得越来越力不从心。本来学术期刊的受众就比消费类刊物的受众范围小得多，现在学术研究又要向精深、交叉发展，这使得学术刊物的受众范围就更小了。尤其现在是个"信息爆炸"的时代，对于学报这类刊登文章较杂、信息量大又缺乏精深、前沿文章的学术刊物，读者当然缺乏兴趣。这一点也引起了广泛关注。例如，在关于学术期刊变革的探讨中，《中国社会科学》杂志社的孙麾编审曾提出：面对专业学术期刊的强力竞争，综合类学术期刊必须站在当代社会科学发展综合化前沿趋势的高度调整发展战略，必须实现从"学科综合"办刊模式向"问题综合"办刊模式的转变。这一观点提出后在学刊界引起强烈反响，得到同行们的广泛认同。高校学术期刊不管是从成长的环境还是从发展趋势来看，必须要变革，要适应目前的社会大环境。随着科研的进步和深入，科研工作者、高校师生在学术方面愈发地成熟，对学术期刊的要求也越来越高。他们以市场为导向，对期刊的创新体制、转换机制、面向市场、增强活力的要求越来越高。从高校学术期刊的现状看，对高校学术期刊进行体制改革是必然选择。

二、高校学术期刊普遍加强了数字化学术平台建设

数字化的概念已经渗透到我们日常生活的各个领域，成为当今社会不可或缺的词语。什么是数字化？数字化就是将许多复杂多变的信息转变为可以度量的数字、数据，再以这些数字、数据建立起适当的数字化模型，把它们转变为一系列二进制代码，引入计算机内部，进行统一处理，这就是数字化的基本过程。数字化是计算机技术、多媒体技术、软件技术乃至整个信息社会的技术基础。数字化在新闻出版领域的应用已日益重要。数字化出版代表着出版业的未来发展方向，这已经成为新闻出版界的共识。数字化发展已经被原新闻出版总署的各位领导柳斌杰、李东东、阎晓宏、孙寿山等在不同的场合多次强调过。原新闻出版总署副署长李东东曾到中国学术期刊（光盘版）电子杂志社和同方知网（北京）技术有限公司进行调研，对在数字出版和数字化服务方面所做出的贡献给予了充分肯定，并提到今后 10 年我国新闻出版工作将把发展数字出版作为最重要的产业发展战略之一。❶原新闻出版总署副署长孙寿山在参加全国新闻出版工作会议分组讨论时也强调："数字出版是新闻出版产业未来的发展方向，我们必须着眼未来，在数字产品开发上做文章，加快推进数字出版产业发展。"❷

时至今日，已经没有人再质疑数字化出版的发展趋势和方向，只是在汹涌的改革大潮前，出版人有些迷茫，不知该采取何种方式和手段去完成这种"生产方式"的根本变革。在众多出版社、期刊社、报社等新闻出版领域的各路大军摩拳擦掌、各显神通、积极应对信息化挑战的同时，高校学术期刊作为中国学术期刊出版领域的主力军，在这方面的意识和动作还是比较迟缓和滞后的。网络化是学报实现数字化发展的一个重要平台，建立学术期刊的专职网站，实现编辑部办公、稿件的登记、审阅、编辑、发行等系列工作的数字化，从而最终实现学术期刊的数字化出版和发行，这是必经之路。

---

❶ 晋雅芬. 李东东：重塑学术期刊市场主体地位 ［EB/OL］. 新闻出版网：http://www. gapp. gov. cn/cms/html/21/367/201001/696674. html.

❷ 冯文礼. 孙寿山：加快推进数字出版产业发展 ［EB/OL］. 新闻出版网：http://www. gapp. gov. cn/cms/html/21/367/201001/696339. html.

（一）学术期刊数字化学术平台建设现状

原新闻出版总署副署长李东东在河北省调研指导新闻出版工作时，就提出：要深化高校期刊出版单位改革，鼓励高校期刊集约化、规模化发展，构建学术期刊数字出版平台，创新高校期刊出版机制。❶ 关起门来办刊、"自娱自乐"，是当前主管部门和学界对学术期刊的诟病之最。据统计，网上1994年只有400种电子期刊，1995年有近700种电子期刊，到1998年就达到了1万多种，❷ 而今基本上每种纸质媒介都有了电子版及其专门的网站。由此可见，期刊界的发展速度之快，竞争程度之激烈。当然因为评职称、研究生毕业和教师的考核等都需要发表论文，所以学报目前并不缺乏稿件；再加上各学术期刊又都不是自收自支的单位，因此不用为经济效益担心。如果学术期刊认为可以"守株待兔"坐等来稿，还是一如既往，一成不变地守着自己的"一亩三分地"恐怕离关门不远了。学术期刊必须关注长远，积极主动地投身到改革的大潮中，从建立学报数字化学术平台做起，迎头赶上，真正成为未来数字化出版中的重要分子。

综观学术期刊在数字化方面的建设情况，大概可以分为以下三类。

第一类，只开辟编辑部的信箱，有编辑部专人负责来稿的登记和分类，然后转交给相应的责任编辑处理。较之原来传统的期刊编辑出版，只是增收电子稿件。这样的期刊既没有自己的网页、网站，也没有自己的数字化交流平台。

第二类，提到数字化发展，对于绝大多数学报来说，就是加入了学术期刊群的数字化平台（如CNKI学术平台、万方数据库、重庆维普数据库等），利用这些他们提供的免费网页，简单地介绍、宣传学报。即便这样，大部分学报的网页还是停留在初建时的样子，并未进行持续的维护和更新。

这些学术期刊群数字化平台是集知识资源大规模整合出版、原创性学

---

❶ 陈玉杰，刘成群．新闻出版总署副署长李东东在河北省调研［EB/OL］．http://www.chuban.cc/yw/200912/t20091221_60615.html.

❷ 骆满生，王亨君，袁晓萍．科技期刊自建网站的步骤与注意事项［J］．编辑学报，2002(2).

术文献出版、多媒体出版和专业化、个性化数字图书馆为一体的数字出版平台，几乎涵盖了全国所有学术期刊电子版的发行。确实对全国学术期刊起到了积极的宣传作用，推动了知识的广泛传播和社会共享。据统计，CNKI学术期刊群数字化平台——中国知网日访问人数达256万人，年访问9.4亿人次，年下载文献18.3亿篇。目前，已发展个人数字图书馆用户260多万个、国内机构用户8905家、海外机构用户657家、抄袭检测系统用户3550家、期刊评价用户7400家、采编平台用户3260家❶。读者凭此平台可以实现电子阅读。学术期刊加入此网，就可以成为广大互联网用户的涉猎目标，提高学报的知名度，方便作者投稿，便于网络优质稿件。

不过，这种数字化学术平台是"大手笔"的，需要庞大的资金和技术的支持，人员较多；但是这种数字化学术平台也有弱点，那就是几千种刊物，根本无法突出某种刊物。虽然数字平台也为每家刊物设置了网页，但是这些网页都设置得过于简单和陈旧，无法全面和成功地反映学术期刊的真实存在状况。每家学报若要仔细分析自己的作者群、读者群、订阅人员等，准确反映他们的需求，是很难做到的。鉴于此，学术期刊非常有必要建立独家的数字化学术平台。

第三类，有专门的学报网站。学报编辑部或者是自己设计完成，或者是直接外包给专门的"网刊通"开发公司。目前有几家"网刊通"开发公司，如：北京玛格泰克、北京志清伟业、北京勤云发展科技有限公司等一些专门针对编辑部远程投稿系统进行软件开发的公司。据了解，相当部分有自己专业网站的编辑部都是采用与专门公司合作，开发适合本编辑部的专门网站。这种软件系统充分利用了网络资源，打破了地域和时间限制，把投稿、审稿、编辑加工、发行等诸多编辑部的工作都可以拿到网上来完成，只要能上网，编辑部人员可以随时随地处理稿件，从而大大提高了办公效率。目前，随着网络办公的持续推进和深入开展，采用此技术的学报编辑部定会不断增加。建好学报网站只是刚刚踏入数字化的大门口，未来的发展之路还很远。真正的数字化学术平台不是单单建立一个网站就能解决的，关键还要把平台的各项功能开发出来并运用好。

---

❶ 黄仲一. 利用学校资源 建设学报经济型网站［J］. 出版广角，2008（8）.

（二）学术期刊数字化学术平台的基本建设途径和模式

学术期刊数字化学术平台是基于网络建立的一整套操作系统和数据库，它应该是作者、编辑、读者、专家学者之间的交流平台，是编辑、作者、审稿专家之间的工作平台，是各类学者、研究人员开展科研工作的学术平台。目前有很多的学术期刊确实在这方面已做出了榜样，他们率先建立了学术期刊的数字化学术平台，平台建设的基本途径和模式大致如下。

1. 平台的规划和开发

学术平台的建立并非是应景之作，必须结合学报的工作实际，从有利于工作和提高工作效率的角度出发，做好规划和开发。一般的学术期刊编辑部人员编制都在 10 人以下，缺乏开发软件的专门人才。所以学报编辑部通常都是跟专门的软件制作公司联系，通过提出需求，公司再根据编辑部的需求，制订建设方案。该数字化学术平台所用服务器一般为自购或者租赁。自购服务器者，通常托管在学校的网络中心。对于日常软件的维护使用、数据库的备份使用，一般都是由开发公司负责，编辑部则根据双方的合同按期支付一定的维护费用。

2. 平台的功能和作用

学术期刊数字化学术平台必须满足的功能包括：同时为读者、作者、编辑、主编、专家等围绕编辑出版活动的各类角色服务，使这几类角色都能运用自如，在工作中起到事半功倍的作用。读者可以通过此平台了解学报的基本情况，检索到学报所载的过期文献；作者可以通过学术期刊的选题公告、学术期刊的定位、学术期刊的主要栏目，以及栏目所登载论文的情况，增加投稿的针对性和对学术期刊的关注；编辑、主编、专家等则是主要运用此平台可以网上在线工作，处理稿件，可大大提高工作效率。学术期刊数字化学术平台必须具备在线投稿功能、编辑在线处理功能、在线管理功能，以及必要的宣传交流功能等。

3. 平台的建设内容

网上稿件处理系统。稿件处理系统包括：（1）作者在线投稿系统，作者通过电子信箱实现网上注册，本系统自动反馈作者一个密码，作者以后凭此密码进入系统，可以投稿和随时查阅关于所投稿件的状态。（2）编辑在线处理系统。主编通过权限分配给不同责任编辑，不同栏目的文章可直接进入到相应编辑的名下。编辑凭注册的电子信箱登录系统，对自己负责的栏目来稿进行初审。初审通过的稿件，编辑再通过匿名处理点击进入专家审稿系统。初审未通过的稿件，责任编辑可直接退回作者。（3）专家在线审稿系统。经过注册的专家可以通过电子信箱进入审稿系统在线审稿，也可以直接登录学报的平台在线审稿。有的还可以绑定手机，电子信箱中有关审稿的信息一来，手机就会自动通知专家本人。如果专家对该稿件不便审阅，可以提供另选，增入专家库。专家审稿完毕，审稿意见反馈给责任编辑进行处理：返回修改、直接录用或者不予采纳。

网上稿件审核系统。这个系统主要是针对编辑部内部的审核程序，作者所投稿件——责任编辑处理（包括交专家审核、作者修回）——副主编审核——主编审核——编委会审核——录用定稿。

网上服务系统。主要提供学报简介：介绍本学报的基本情况；投稿须知：投稿注意事项，包括各种要求；编排规范：学报的编辑排版规范，上级主管部门的有关规定等；检索查询：提供本学报往期所刊载文章的查询和下载（一般情况下提供的都是文摘，有个别的可以付费下载），可以下载浏览器，以方便阅读 CJK 或 PDF 的文件；站点链接：主要提供上级主管单位，与本学报网站联系密切、有业务关联的网站等。如：新闻出版总署、新闻出版局、学报学会、编辑学会、期刊学会、兄弟院校学报等的网站。

网上发布系统。主要有要闻浏览：发布与学报或者期刊有关的新闻；学报动态：学报相关活动或者学报的出版动态；资讯服务：主要发布一些关于出版、学术会议期刊等方面的资讯等；学术论坛，根据本学报所设栏目进行重点问题和热点问题的探讨。少量的学术平台，如《北京理工大学学报》网站还设立了"收录与转载"栏目；发布学报所载文章的下载和转载情况。

网上管理系统。这主要是辅助编辑做好一些编务方面的后期管理工作。包括各种统计库（稿件统计，稿费、编辑费、专家审稿费的统计）、稿件登记系统，根据作者来稿登记自动生成的稿件登记表，存档用，每篇稿件的审稿流程也自动生成审稿程序单，归档用。

网上办公系统，也是编辑部的"OA"系统。主要用于编辑部内部工作处理，用于相互留言、各项工作交接等。

（三）学术期刊数字化学术平台建设发展空间

建立学术期刊数字化学术平台，是学报编辑部实现数字化发展的第一步。平台建好了之后，关键还在于维护。在实际的运行中，经常看到的也是另一番景象：登录到相当部分学报编辑部的学术平台，看到的信息比较陈旧，更新速度太慢，大部分平台的信息建设还停留在刚刚建成时的状态，每期纸质刊物刊印出来之后，也只是刊登当期的目录和摘要，大部分学术期刊网站都不能下载全文。在期刊平台上看到的文章通常也比纸质刊物要晚，通常是刊物刊印出来后，再刊登期刊电子版。网上稿件处理系统和服务系统出现的差错较多，且不能得到及时纠正。针对这些现象，综观这些已建成期刊平台的建设内容，其功能还有很大的可拓展空间。因此，可以借鉴CNKI等成功的期刊数字化学术平台的建设和运行经验，进一步丰富其内涵、拓宽其外延功能。

1. 尽可能地多建立相应的数据库。如：专家数据库、作者数据库，根据期刊栏目建立相应的文献数据库，使作者通过该数据库可以查到某主题的文献在本学报以往中的刊载情况。

2. 及时公布学报的评价指标和各项指数。如：转载率、下载率、引文量、影响因子等与文献评价指标相关联的系列数据。

3. 提前公布摘要和目录，有条件的也可以提供全文下载。既然大多数学报都不以营利为目的，而且实际的发行量确实也不允许学报要求盈利，那么学术期刊电子版的学报完全可以也非常有必要在纸质学报出版之前在平台上发布，这样也可以让关心学报的读者先于刊物和CNKI而提前读到所载论文。对于学报所载论文的全文上网，目前争议较大，因为此举不光牵涉学报编辑部自身的效益，以及CNKI等四大检索机构的具体利益，所以应该慎重，但也可以考虑少量收费。

4. 重视英文摘要的翻译。网络无国界，为了扩大学报的影响力，要注重提高英文摘要的翻译水平，要符合英语的阅读习惯。尤其是题目的翻译不必要非得从中文直译，要让外国人一看就懂，符合他们对学术论文的要求。

5. 信息的发布和更新应该及时。成功的数字化学术平台应该提前发布相关的栏目策划和组稿信息。对于介绍学报和期刊方面的文章，应及时更新。有的学术期刊数字化学术平台已经建立了几年，但信息还停留在刚建立的状态，当读者、作者访问时，"有不知今夕是何年"之感。

6. 文献检索。对于过刊检索不能只停留在对年、卷、期的查询，还要有更多方式，如：作者、关键词、题名等尽量丰富的检索词。如果技术允许，可以借鉴 CNKI 的"知网结"（每检索到一篇文章，下面都会出现与此文章相关的文献，当然这里应仅限于本学报刊登的文章）。

7. 重视交互平台的使用。每个平台都有"读者之声"之类的可以让作者、读者、编辑相互交流的类似于"BBS"的系统。编辑一定要注意维护此系统的正常运行。对于大家的发言，应给予及时的回复，从中不断汲取大家的有益建议，提高办刊质量。

总之，在目前学术期刊的出版状态、出版形式和发行方式屡被诟病和质疑的情况下，面对数字化出版的急剧变革，学术期刊应以此为契机，迎头赶上，尽快建立学术期刊数字化的学术平台，更重要的是维护好平台的运行，力争在新一轮的改革和发展态势下，紧紧跟上时代发展的步伐。

第三节　学术期刊的改革探索

随着我国科技事业和教育事业的发展，高校学报的生存环境也发生了巨大的转变。但由于学报自身发展变化不是很大，于是就产生了落差，需要迎头赶上改革的步伐。学报的定位和使命不能丢，要做好内功，只有内涵强大，外延才能延伸。在这方面，高校学术期刊进行了不断的改革与探索。

一、专——谋求专业化发展

在计划经济思想主导下发展起来的众多高校学术期刊，由于创办初期的指导思想和定位原因，形成了一校一刊或一院一刊的局面。这些综合性学术期刊几乎占据了中国学术期刊半边天下，并且"趋同化"现象非常严重。综合性学报"千刊一面"的状态和"分科文集"的模式都成为学界诟病的话题，新闻出版改革也一再提出"走专业化发展之路"的要求。目前，学报学会对于专业化道路的选择也正在积极地探索之中。

1. 打造"中国高校系列专业期刊"

2011 年，近 20 家教育部"名刊工程"的学报主编在清华大学召开会议，就高校学报专业化发展方案进行了具体的论证并形成了一致意见，成立联合编辑部，对纸本综合性学报拟发表的文章进行同步数字化、专业化重组，在主要一级学科联合打造"中国高校系列专业期刊"，通过中国知网进行传播。系列专业期刊所有文章均来自各名刊综合性学报，两者相依共存，各展所长：在论文组合上，分别以综合性和专业性见长；在出版载体上，分别以纸本和数字版为主；在出版时间上，两者则力求完全同步。首批推出的系列专业期刊定名为：《马克思主义学报》《文学学报》《哲学学报》《历史学报》《政治学报》《经济学报》《法学学报》《社会学报》《教育学报》《传播学报》，并统一封面和版式设计。系列专业期刊前期编辑工作由联合编辑部完成，后期制作由专业技术人员完成。已经正式运行。❶

这个方案得到了中国学术期刊（光盘版）电子杂志社的明确支持，他们在技术环节给予全面配合。在知网首页设立了专门的入口，可进行仿纸本的全本阅读和进行各种检索；建立系列专业期刊专门网页，开辟网上工作交流及编读往来平台等。就目前来说，这是一个比较可行的、专业化、集约化、数字化的方案，如果能够运行成功，效果良好，这无疑为中国高校社科学报的发展开辟了一条新路，也是把学报由"全、散、小、弱"做到"专、特、大、强"的一条近路。但是，参与的所有学报都是被教育部评为名刊的学报，即便成功，更多的普通大学学报借鉴的意义又有多大呢？这一问题还有待于继续探讨。尤其目前学科划分模糊，又出现了大量的交叉学科，这种一级学科的划分，又使得很多属于交叉学科的学术论文不好操作。

2. 建立综合性的高校学报出版平台

如果全国千余家学报都加入了这个"中国高校系列专业期刊"队伍，

---

❶ 薄洁萍. 锐意改革　提倡创新　寻求突破——"高校学报出路何在"座谈会发言摘要 [N]. 光明日报，2011 - 04 - 02.

势必不能以目前的方式进行下去。必须增加对论文进行二次加工的人员和编辑量，学科分类势必也会更细、更多，包括栏目都会存在同样的问题。这就要求必须有一个很好的统领单位（或者部门），协调好各高校之间的关系，或者是建立一个综合性的高校学报出版平台，所有的责任编辑在平台注册，进行责任编辑、栏目管理，实行严格的审稿专家制度。

接下来的问题就是这个平台是怎么建立和运行，是归在哪个部门还是学会？目前的高校学报编辑部都是隶属于高校的，编辑是高校的员工。在竞岗聘任中，编辑与其他高校管理人员一样，编辑可以自由流动，待遇、职称都与本校其他员工一致，与学报的出版质量并无关系。如果保留目前的体制，各编辑还是隶属于自己学校，只是所从事的工作从本校学报变成了公共领域的学术期刊。这样就面临着同一本刊物，不同编辑之间的待遇。因为所属高校的不同会有很大的差距，势必影响到办刊的热情和积极性，员工的管理考核也比较困难。

或者规定每所高校或几所高校根据自己的优势承办一种专业刊物。这样似乎打破了原来的格局，可是这样也不利于竞争，同时又回到了计划经济时代的分配制。每本刊物都认为，这个专业的刊物，高校只此一家或几家，办刊压力很小，容易变成某个专业的稿件堆积，缺乏竞争，不是改革的方向。

只有各综合性学报编辑部都从本单位剥离出来汇归一处，组建期刊社，这样具有可行性。但是如果实际操作，难在管理上。牵头单位怎么选，是选择行业协会还是政府出面，还是依托于某大学或学术单位，这样还需要重新界定各综合性学报与科研院所办刊物的定位和发展方向，细分受众群体。

二、特——谋求特色化发展

"特色化"发展也是高校综合性学报改革前行的基本途径。由于历史的原因，目前高校综合性学报在栏目设置上都大同小异，而学报界的同仁们也都认识到了其中存在的问题，普遍注重本刊的特色建设，结合本校的定位、优势学科地域特色、历史传统等来确定自己的特长，进行特色经营。无论是中国高校社科学报学会还是自然科学学报学会的评优活动都把办刊特色当成一项重要指标，全国社科学报研究会和北京市的研究会都有特色栏目评选活动，教育部科学技术司也已委托中国高等学校自然科学学报研究会举办了3届中国高校特色科技期刊奖评比活动，这些都对高校学报的特色化发展起到极大的促进作用。

1. 依托本校优势，开发重点栏目

特色栏目建设固然重要，但是在"特色"的选择上要十分慎重。不能为了特而特，必须结合本校的特色，学报发展、栏目的发展终归还是要依托学校的资源。不同层次、不同类别的高校都有自己的特色，在办学定位、办学方式、传统学科、学科优势、地域优势方面都有自己与众不同之处。学报优秀栏目的设置必须跟本校的优势相结合，才能推动本校科研能力的提升。有的学报为了突出"特色"，盲目设置栏目，每期都靠约社科院等外部研究机构的稿件来苦苦支撑、艰难生存，何谈发展？外约稿件一定要服务于增强栏目实力、提高和带动本校科研力量的办刊目的。

2. 进行特色化建设，要有所为有所不为

高校综合性学报都是依托综合性高校而存在的。综合性高校学科众多，每个学科的教师都要进行科学研究，都有科研任务，他们自然地都想在本校的学报上有自己学科的栏目，能够发表本学科的文章，而如果各个学科面面俱到，就是一个学科"拼盘"。必须突出重点，加强特色建设。主编要有所为有所不为，确定重点栏目时，需要经过认真的思考和论证，一旦确定，就应下大力气发展，不能摇摆不定，要勇于舍弃一些发展较弱、无法支撑栏目的学科，当然红花还要有绿叶相配。既然是综合性的学术刊物，有重点建设栏目就有一般建设栏目，必须处理好二者的关系。特色栏目的建设必须有名篇的支持，名篇是重点栏目的核心，学报刊载名篇的数量也必须达到一定的规模才能称之为"特色栏目"。鉴于高校学报编辑部的实际办刊能力是有限的（物质、人力、经费等方面），为了保证特色栏目的建设，必须集中精力办好特色栏目。办好特色栏目需要编辑具备很强的策划和组稿能力，有时围绕某个主题来进行，有时还要根据栏目的需要、根据此类学科的发展近况，围绕某个问题，进行科研追踪。目前综合性社科学报办得较有影响的大多是在这方面做得较为理想的。如：《湖南大学学报》的"岳麓书院研究"、《内蒙古大学学报》的"蒙古学研究"、《北京联合大学学报》的"北京学研究"等。而对于一般栏目，也不能放任自流，应该着重于发表交叉学科和前沿文章，与重点栏目文章的深刻厚重形成对比，尽量应该新颖独到。正如中国人文社科学报学会会长龙协涛所讲的："有些高校是普通学校，有些学报是普通学报，但它们的某一两个栏目却办得极不普通，形成了鲜明的文化个性和特色，引起国内学术界乃至国际学术界的强烈关注。这是培育期刊品牌的可喜开端，是打破"千刊一面"僵局而凸显独特的'这一个'的生长点，是有望在期刊之林中实现'万绿丛中一点红'效应的必由之路。"❶ 在第二批进入"名刊工程"的学报当中，有一家非常小的学报《广西民族学院学报》，就是靠打造优势栏目之后进入"国家期刊奖"，进入教育部"高校名栏建设工程"，最后进入"教育部第二批高校名刊工程"的。

三、大——谋求集约化发展

在全球化发展的今天，面对庞大的国际出版市场和国际出版集团的强大压力，以我们目前普遍存在的高校学报编辑部的这种出版模式和行为，是无法参与市场竞争的。因此，必须联合起来，依靠集体力量才可能抗衡。鉴于目前的高校综合性学报都是隶属于不同的高校，以哪种方式联合还无定论，这也是目前需要探讨的重点问题。

当然上边谈到的由中国高校社科学报学会操作，20 多家社科学报名刊联合，在中国知网平台发布的几种专业化学报是一种联合方式。另外，还可借鉴新闻出版体制改革对新闻出版改革实行采编与经营分离的做法。综合性大学学报的出版发行也可以实现内容与经营的分离。各编辑部可以保持目前的状态，关注前沿动态，潜心学术发展，出版之前的工作都由编辑部完成，而期刊的印刷、发行、广告交出版公司由专业的期刊经营人来经营。出版公司同时还可以与编辑部合作，策划和组织学术会议等各种活动，来促进刊物的发行和传播。期刊编辑人员还是由各高校在职编辑聘任，都是目前的岗位标准，按照目前各编辑部的考核方式对现任编辑进行考核，人员流动也只能在校内。这样就会牵扯到利益分配的问题，出版公

---

❶　龙协涛. 学报的核心期刊与特色栏目［J］. 云梦学刊，2004（2）.

司创造的利润怎么与高校编辑部来分成？全公司化的运作对学术期刊的发展会带来什么样的利与弊？一方面通过策划议题、笔会等形式能够获得一批稿件，也利于刊物的发行和传播，但是这种靠策划出的学术文章可能背离了学术研究的宗旨，充满了浮躁和急功近利的学术风气；而另一方面，综合性高校承担着很多基础性的研究工作，研究成果也需要发表、交流和传播，而这种完全放开的市场化、公司化的运作方式或许会摒弃这类成果的刊发。所以在采用这种内容与出版分离的方式时，必须要统筹考虑，精心安排。也可取得政府或者基金会的支持，主管部门出面协调各方关系与利益，以真正有利于学术交流和发展为最终目的。

四、强——谋求内涵式发展

把高校综合性学报做强是我们的目标。"专""特"是学报做强的基础和必要条件。"大"则是学报做强的充分条件和路径选择。虽然综合性高校学报目前被确定的还是保留事业编制，但"事业"单位不能作为"保护伞"，编辑必须加快自身的修炼，才能充分发挥学术期刊应有的功能，真正实现繁荣学术创作、引领学术发展、传播学术信息、展示学术成果的目的。

虽然教育部早在 2002 年《关于加强和改进高等学校哲学社会科学学报工作的意见》中提出："学报编辑人员是学校教学科研队伍的一部分，应列入教学科研编制，享受与教学科研人员同等的待遇。"[1]但目前的情况是编辑部都隶属于高校的一个部门，有的连独立部门都算不上，只是挂靠在科研处、宣传部，更有的还在图书馆等部门下，编辑职称晋升问题极难解决，编辑的待遇普遍低于教师和科研人员。因此，在现有体制下，发自编辑内心的改革动力不强。应该给予编辑部在人事、劳动、分配方面一定的自主权，或者至少与教学科研人员同等的待遇，这样才能提升编辑人员的积极性和改革动力。

关于编辑学者化的问题，是长久以来一直议论的话题。目前高校学报

---

❶　教育部. 教育部关于加强和改进高校哲学社会科学学报工作的意见［EB/OL］. http：//www. magtech. com. cn/editor_ s/2－1. doc［2011－01－01］.

编辑部中的年轻编辑一般都是专职，这也是当时教育部有关文件所明文规定的，年龄稍大者以编辑为主、教课为辅的倒也不少，但是真正的学者型编辑却不多。高校综合性学报作为学术刊物，编辑应该而且能够站在学术前沿去看待问题。关于学者型编辑、杂家型编辑似乎是个老生常谈、争论不休的问题。其实成为一名真正的学者型编辑很难。首先你所编辑的栏目较杂。目前的高校综合性学报栏目设置通常涵盖了各个学科，即使你对其中的一个学科或学科的某个专业方向有所研究，也可能这个专业的稿子一年也就是一两篇或者两三篇，而对其他专业的稿件不可能不进行编辑。所以高校学报编辑部一定要建立严格的专家审稿制度，多聘请专家兼职，而编辑则应该主要进行编辑加工、策划、组稿，以及与作者、审稿专家进行沟通，这是编辑的本职工作。编辑还可以在自己研究的领域有所突破。不鼓励专职的学术型编辑，专家可以做兼职学术型编辑，一旦专职，势必影响其精力，日常烦琐的事务，将无法保证科研工作的进展。但是学报编辑要具备良好的组织沟通协调能力，一个好编辑的标准不是看你发表了多少学术成果，而应该是看你对稿件的处理能力，发现推出成果的能力，把握学术热点的能力，预见、跟进学术前沿的能力，敏感洞察学术的能力等。

第四节　学术期刊的数字化发展

随着互联网的日益普及和科学技术突飞猛进的发展，数字化时代已经来临，数字化的概念已渗透到了我们日常生活的各个领域，成为当今社会不可或缺的词语。

什么是数字化？数字化就是将许多复杂多变的信息转变为可以度量的数字、数据，再以这些数字、数据建立起适当的数字化模型，把它们转变为一系列二进制代码，引入计算机内部，进行统一处理，这就是数字化的基本过程。数字化是计算机技术、多媒体技术、软件技术乃至整个信息社会的技术基础。数字化在新闻出版领域的应用已日益重要。数字化出版代表着出版业的未来发展方向，这已经是新闻出版界的共识。

目前期刊业的改革已是箭在弦上，那么高校学术期刊怎么改？这是目前讨论较多、争论不断的热点和难点问题，对于究竟如何实现专业化、规模化，怎么走内涵式发展道路？也尚无定论，但是，有一点是肯定的，面对数字化时代的来临，高校学术期刊必须迎头赶上，要充分利用技术传播的先进性，更好地发挥学术期刊的信息传播功能，并且要勇敢地面向市场，重塑市场主体地位。数字化对于出版业具有极大的挑战，对于高校学术期刊事业的发展，数字化的意义和作用表现在以下三个方面。

一、改变传统的编辑工作方式，加强高校学术期刊的网站开发和建设

对于数字化新技术的应用，最为直接的就是各个高校学术期刊编辑部都大力加强了网站建设，基本上都已建立起了快捷的投稿、审稿和编辑系统。使得学术期刊的编辑已从繁杂的编务劳动中解脱出来，节省了时间，提高了效率。目前，一些专门的"网刊通"开发公司与部分高校编辑部建立了合作，开发出适合本编辑部的网站。这种软件系统充分利用了网络资源，打破了地域和时间限制，使投稿、审稿、编辑加工、发行等诸多编辑部的工作都可以在网上来完成，只要能上网，编辑部人员就可以随时随地处理稿件。❶

这种网站一般包括3项功能，第一项功能是稿件处理功能，其流程如下。1）作者通过电子信箱实现网上注册，本系统自动反馈作者一个密码，作者以后凭此密码进入系统，可以投稿或随时查阅所投稿件的状态。2）作者所投稿件根据栏目不同，会自动汇总到相应编辑的名下。编辑凭注册的电子信箱登录系统，对自己负责的栏目来稿进行初审。初审通过的稿件，编辑再通过匿名处理点击进入专家审稿系统。初审未通过的稿件由责任编辑直接退回作者。3）经过注册的专家可以通过电子信箱进入审稿

---

❶ 孙俊青. 高校学报数字化学术平台建设评析［J］. 北京联合大学学报（自然科学版），2010（1）.

系统在线审稿。也可以直接登录学报的平台在线审稿。有的还可以绑定手机；只要电子信箱发来审稿信息，手机就会自动通知专家本人。如果专家对本稿件不便审阅，可以提供另选，增入专家库。专家审稿完毕，审稿意见反馈给责任编辑进行处理：返回修改、直接录用或者不予采纳。最后形成一个完整的流程如下所示。作者所投稿件——责任编辑处理（包括交专家审核、作者修回）——副主编审核——主编审核——编委会审核——录用定稿。

第二项功能是辅助办公系统。主要是辅助编辑做好一些编务方面的后期管理工作。包括各种统计库（稿件数量、稿费、编辑费、专家审稿费的统计）；稿件登记系统，根据作者来稿登记自动生成的稿件登记表，每篇稿件的审稿流程也自动生成审稿程序单，以便归档留存。另外，还可以开发网上办公系统，即编辑部的"OA"系统。该系统主要用于编辑部内部工作处理，用于相互留言、各项工作交接等。

第三项功能是提供咨询服务功能。主要提供学报简介：介绍本学报的基本情况；投稿须知：投稿注意事项，包括各种要求；编排规范：学报的编辑排版规范，上级主管部门的有关规定等；检索查询：提供本学报往期所刊载文章的查询和下载（一般情况下提供的都是摘要，有个别的可以付费下载），可以下载浏览器，以方便阅读 CJK 或 PDF 的文件；站点链接：主要提供上级主管单位，与本学报网站联系密切、有业务关联的网站等，如：新闻出版总署、新闻出版局、学报学会、编辑学会、期刊学会、兄弟院校学报等的网站。

另外，个别做得比较好的网站还增加了网上发布系统。发布跟学报或者期刊有关的新闻；学报相关活动或者学报的出版动态；关于出版、学术会议期刊等方面的资讯；学术论坛；学报所载文章的下载和被转载情况等。

建好学报网站只是刚刚踏入数字化的大门口，里面的路还很深很远。真正的数字化学术平台不是单单建立一个网站就能解决的，关键还要把平台的各项功能都开发出来并运用好。

二、改变传统的出版方式，加强数字化出版的探索和实践

综观高校学术期刊的发展历程可以看到，高校学术期刊诞生于改革开放之初，当时各项事业百废待兴，高校学术期刊满足并且适应了学术事业繁荣发展的需要。随着高校学术期刊的发展壮大，以及整个社会的转型，在其他类型的期刊不断调整适合自己的发展思路、开拓市场、积极应对市场，越来越朝着良性发展的同时，高校学术期刊却基本上止步不前，偏离了市场的需要，无论在市场定位、读者划分等期刊决定因素方面都没有进一步给予加强，错失了发展壮大的良机。可是，中国期刊业面临的数字化挑战与国外几乎同步。随着互联网普及率的日益提高，无线通信技术及其应用快速发展，互联网、广播电视网、电信网三网融合进程不断加快，智能手机、电子书等各类新兴阅读载体纷纷涌现。信息传播载体和技术的变化，与读者阅读习惯、阅读需求的变化相互作用，把期刊业带入了一个更加复杂多变、充满挑战的新环境。不论是主动选择转型，还是被动渐进地演变；不论是内容编辑的数字化，还是广告、发行的数字化，传统期刊都不可避免地与数字出版相关产业捆绑在了一起，作为内容提供方在与渠道运营商、技术服务商等的互动中，推动着数字期刊产业的形成和发展。❶在这方面非常典型的就是高校学术期刊与中国学术期刊（光盘版）电子杂志社的合作。虽然高校学术期刊作为内容提供商，是整个数字化出版的核心，可是由于清华同方占据了市场的主动和先机，当时高校学术期刊对于数字化技术、网络出版还处于懵懵懂懂的状态，几乎是无任何利润地将自己的产品拱手相让。可见，整个高校学术期刊出版行业更多的是传统意义上的编辑，缺乏真正有市场推广和市场策划营销能力的综合型出版人才。

目前，高校学术期刊进行的数字化出版方面的探讨和实践，最多的就是与中国学术期刊（光盘版）电子杂志社的合作。高校学术期刊是一个相对庞大而分散的出版团体，目前还没有形成一定程度的集约化和规模化。由于高校学术期刊大部分是综合类的，刊登的文章涵盖了各个学科，所以

---

❶ 李东东. 把握期刊业数字化发展的未来——在第二届亚太数字期刊大会开幕式上的致辞 [EB/OL]. http：//news. xinhuanet. com/newmedia/2010 – 11/30/c_ 12831091. htm [2010 – 01 – 28].

研究人员和单位订阅者极少。某类人员只对其中与自己研究内容和方向相关的那个栏目感兴趣，一本学术期刊与研究个体的研究方向相关的文章也许只有一两篇，读者当然兴趣不太广泛，不愿意付费订阅。但是现在各高校大部分学术期刊编辑部已与中国学术期刊（光盘版）电子杂志社合作。编辑部继续保持原有的纸质媒体的发行，而中国学术期刊（光盘版）电子杂志社利用其知网平台做网上发行。这样读者可以在网上下载，选择支付方式，不但可以单篇下载，而且查阅比较方便，尤其是开发了知网结等强大的搜索检索功能。目前，各编辑部都与作者签订了合同，即作者的版权在本刊发表的同时视同也授权在清华光盘版发表，作者稿费编辑部一并支付。知网再根据刊物的网络下载量支付编辑部一定的费用，以保证合作。这是目前各编辑部采取的较为普遍的网络发行方式。实践证明，这确实不仅加大了学术期刊的传播速度和传播广度，使得大量的繁杂无序的学术信息能够按需所求，有利于学术信息的交流和传播。

但如果每个编辑部都利用数字化平台搞网络发行，这其实也是一种资源的浪费。因为作者在查阅资料时，是以类主题或者是以相似内容为搜索对象的，而不是以某种学术期刊为检索主体；事实上，有的学报编辑部确实可以免费在网上查阅过刊，但是读者的点击率并不高，这就是主要原因。其实，可以采用数字和纸质相结合的方式，期刊编辑部把编辑好了电子版文档，直接交付清华同方光盘版，网络和纸质发行同时进行，需要书面留存的、报送材料等需要用到纸质的刊物，可以单本或者单篇印刷，这样还能节约成本。在目前已经确定了高校学术期刊的事业编制不变的情况下，这也是一种积极地面对市场、联合起来进行期刊变革的一种不错选择；但是，这其中牵扯到主管、主办、新闻管理部门等多方，纸质出版的不确定性也可能会带来对刊物评价、管理的各种问题，监管难度会更大，因此必须协调处理好多方关系，责权明晰，才能多赢。

三、加大对知识产权的保护、增强版权意识

数字化时代的来临，大大缩减了专家学者、科研工作者查阅资料的时间。尤其是"谷歌""百度"等搜索引擎的使用，只要关键词选择得当，大量的资料瞬间就可以获取。对学术信息和学术资料的收集和检索也是如

此。目前，国内几大学术期刊数据库已基本建立成型：清华知网、重庆维普、万方数据、龙源期刊等大型数据库基本囊括了国内出版的所有学术期刊。

论文写作者在进行相关研究时，可以通过进入以上几大数据库检索需要的资料进行参阅。在方便检索的同时也带来了另外的问题，那就是：抄袭或者叫学术剽窃。近年来，我国高校学生获得学位、各行各业在职称评定、业绩考核等人才评价工作中，都将发表论文数量、论文发表在什么级别的刊物等，作为量化考核的指标。不管是否适合科学研究，一律要以论文论高下。现在正处在社会快速发展的变革时期，急功近利、投机取巧、轻浮急躁的心态比较普遍，影响了相当数量的人群，导致出现学术造假、学术期刊异化等一系列问题。为了晋升职称和完成科研任务，有些人铤而走险，借助几大数据库检索上的便利，拼拼凑凑，有的人甚至干脆直接将别人的成果据为己有，造成了恶劣影响。其实，科学研究是有自身的规律的，科研工作者必须查阅资料，了解前人和他人的研究成果，了解前沿科研的信息，才能走在研究的前列。事实上，好的研究成果必定是借鉴了其他很多优秀的成果，必定是有众多参考文献的，但是借鉴前人的成果必须有标注，必须在参考文献中注明，这也是对别人劳动成果的尊重。

目前，对付这种学术剽窃、学术抄袭，高校学术期刊应该引进"查新"系统或者叫"学术不端文献"检测系统，即可以查出某一篇文章的重复率达到多少，如果重复率过高，就存在抄袭的嫌疑。一般情况下，高校学术期刊都加入了中国知网，中国知网对用户免费提供"学术不端文献"检测系统的培训和使用。

另一个问题就是论文重复发表问题。由于科研评价、职称晋升都是以论文的数量来进行量化考核的。而在现实中论文重复发表的问题还是很明显的。有的论文只是将已发表的论文进行了题目更改，有的论文则将几篇合成一篇，有的论文甚至把一篇拆成几篇来发表。笔者经常在查阅某篇文章时看到同一个作者写的题目不同而内容相同的文章。高校学术期刊是保存和传播先进思想和文化、促进学术研究水平不断提高和发展的重要阵地。学术期刊尤其需要做尊重和保护知识产权的表率，而重复稿的大量存在，既影响刊物的质量和社会声誉，也与其在保护知识产权方面所担当的社会角色不甚相符。❶ 高校学术期刊的编辑从爱护刊物的角度出发,本着对学者的尊重,一定杜绝重复稿件,把知识产权的保护落到实处。

总之,在数字化发展为编辑工作带来无限便捷的同时,也应该积极调整角色,转变传统的编辑出版方式,使得高校学术期刊真正发挥其传播学术信息、交流学术发展的重要作用,尤其要把保护知识产权落到实处,成为尊重和保护知识产权的表率。

第五节　中国台湾地区学术期刊的发展历程

(一) 关于人文社科学报的布局

中国大陆几乎每所高校都有学报,从综合性的重点大学到普通高校、高职院校无一例外,有的学校甚至有不止一种学报。除了像山东大学的《文史哲》、吉林大学的《史学集刊》、北京师范大学的《史学史研究》等综合性高校主办的专业期刊,和其他的如外语、政法、财经、艺术类专业院校创办的专业期刊,以及少量的由高校的系部、学院主办的专业期刊外,中国大陆的人文社科学报基本上都是综合性的学报。台湾地区相当一部分实力雄厚、排名靠前的综合性大学反倒是未出版综合性的学报,而主办综合类学报的主力军是师范类高校、一些独立学院和专科学校。相比之下,台湾地区出现了一些局部多科性❷(少量的相近学科的组合)的学报,有的偏重于人文社会科学,如台湾大学文学院主办的《台大文史哲学报》、台湾省立中兴大学文学院主办的《文史学报》、台湾中央大学主办的《中央大学人文学报》、私立东吴大学主办的《东吴文史学报》等类似的学报。还有偏重社会科学的学报如"台湾大学"法学院主办的《社会科学论丛》、私立中国文化大学主办的《华冈社会科学学报》等。❸

就海峡两岸高校人文社科学术期刊的发展来看,其所涵盖的学科种类

---

❶ 喻匀. 学术期刊应完善知识产权保护机制 [N]. 北京日报, 2008 – 06 – 23.

❷ 这里的"局部多科性"采用的是姚申的提法,参见:姚申. 近20年港台地区高校人文社会科学学术期刊述评 [J]. 清华大学学报:哲学社会科学版, 2006 (3).

❸ 姚申. 近20年港台地区高校人文社会科学学术期刊述评 [J]. 清华大学学报 (哲学社会科学版), 2006 (3).

和学术期刊的分类都非常相似，但是台湾地区的高校学术整体培育要好于大陆。由于台湾地区 TSSCI 评价系统明确不收录大学学报，所以直接促使了一些综合性的大学学报的停刊，以及台湾地区的局部多科性学报的较好发展。

（二）关于学术期刊数据库建设

大陆和台湾地区两地数字出版技术的发展均处于相似的阶段、拥有相似的理念与平台，面临相似的"瓶颈"和制约。大陆数字出版技术的发展得到政府有力的政策和资金支持，产业协同能力强，数据库等产品在国际市场中已经产生了一定的影响。而台湾地区的学术期刊索引与全文数据库最早也是源于政府研发，而民间商业性学术数据库则是后来居上。其中包括台湾人文及社会科学引文索引数据库"台湾期刊论文索引系统"，和其他的商业数据库，例如，华艺数字公司的"中文电子期刊服务"，以及后来的"HYREAD 台湾全文数据库"（凌网科技公司）、"Taiwan Academic Online 台湾学术在线"（远流智慧藏公司）等全文数据库。后续还开发了引文数据库，诸如：2007 年的"台湾引用文献数据库（Taiwan Citation Index，TCI）"（华艺）、2013 年的"台湾人文及社会科学引文索引数据库（Taiwan CitationIndex - Humanities and Social Sciences，TCI - HSS）"，以及"台湾引文数据库（Taiwan Academic Citation Index，TACI）"（硕亚数码公司）等。在上述这些引文数据库中，TCI - HSS 系整合"台湾社会科学引文索引"（TSSCI）与"台湾人文学引文索引"（THCI）两大数据库并扩充而来。台湾人文及社会科学引文索引数据库 TCI - HSS 强调基于推动学术传播自由的服务理念，以公共近用，达于社会责任之目标，提供予学术界及社会大众作为查询及学术研究之需。此与其台湾期刊论文索引系统同样标榜以公共部门信息资源公开的潮流与趋势，积极争取刊物的无偿授权，提供使用者更便捷的方式取得原文一致，皆揭示了中国台湾政府积极将期刊数据库以"开放存取"模式为精神的基本态度。❶

就市场营销程度和规模来看，中国大陆的知网、万方数据、龙源期

---

❶ 邱炯友，洪诗淳. 台湾地区开放存取（OA）期刊之发展［J］. 出版科学，2014（1）.

刊、重庆维普等学术资源库更胜一筹。中国知网几乎囊括了中国大陆所有的期刊、报纸、学位论文等文献资料，而且还同时建设了关于学术评价、高校学报等专业化的二级平台，在国际上已经形成了品牌。台湾地区的华艺数位类似于中国大陆的知网，主要是经营台湾地区的学术资源库，也包含了相当部分的大陆期刊，但是其经营规模要小得多，年收入 5 亿新台币。而大陆的中国知网 B2B 客户有四五万家图书馆，B2C 个人用户有五百万人，年收入逾 20 亿新台币，万方数据达到 10 亿 ~ 15 亿新台币。❶ 在数据库的建设方面，海峡两岸公司可以携手合作，制做出更加全面、专业、多元、个性定制的上下游整合的数字出版平台。

（三）关于人文社科学报的编审制度建设

严格的编审制度和编审质量是保证学术期刊质量的前提，也是体现刊物学术规范的重要指标。关于编审制度，海峡两岸都有不同的编审规范。大陆的高校人文社科学报主要遵循由《陕西师范大学学报》主编张积玉起草、教育部社科司组织专家评审通过的《中国高等学校社会科学学报编排规范》，对学报的题目、关键词、摘要、参考文献等进行了统一的规范要求。

我国台湾地区的学术期刊同样有着十分严格的编审制度，而且有些方面台湾地区的要求比大陆地区还要更高一些：刊物摘要基本上在 500 字以内，中、英文摘要一致；字数要求，中文稿件 2 万字，英文稿件 1 万字；刊期一般都是半年刊，更有年刊的。由于审稿周期较长，要求高，专家审稿意见精细，所以往往也就越修改越长，稿子最终达到两三万的也有，致使很多台湾地区的高校人文社科综合性学报经常每期只能刊登三四篇文章。大陆的高校人文社科综合性学报基本不存在半年刊甚至年刊，最长的期刊为季刊，双月刊居多，少数的专业类期刊为月刊。中、英文摘要基本要求 300 字以内。要求稿件基本控制在 8000 字以内，特例除外。但是，随着期刊评价系统对影响因子的推崇，被引用率的高低关系使得台湾目前的学报越来越趋向于刊登长文章，一两万字的并不少见，但是大多数学报刊

---

❶ 雷碧秀. 服贸对台湾地区出版产业影响的五点说明 [J]. 出版参考，2013（11 月 下）.

登的主流文章还是在 8000 字以内。

中国台湾地区的高校人文社科综合性学报编辑（也称编审）委员会一般都是由中国台湾地区的高校或者科研单位的学者组成，一般都规定必须聘请校外知名专家、学者进入期刊编委会，中国台湾地区大学、中国台湾地区政治大学和中国台湾地区师范大学等中国台湾地区的知名高校都规定了校外编委的数量不少于半数。如："国立"清华大学的《清华学报》编委共 13 人，其中来自本校 5 人，编委校外 8 人。❶ 中国台湾地区师范大学的《教育科学研究期刊》共有编委 22 人，其中校内编委 3 人，校外编委 19 人。❷

学术期刊主办单位对编审委员会的设立方法、作用、任务等都有明确的规定。如：中国台湾地区师范大学主办的《教育科学研究期刊》和《师大学报（语言与文学类）》在其《编审委员会设置办法》中，对编审会的任务都做出了以下规定：1）编审方针之规划与执行；2）稿件之征集；3）论文之审查；4）文稿之编辑；5）刊物之刊印与发行；6）审查办法及作业流程之订定；7）其他编审有关事项。❸ 这些条款虽然简单，但是把编审委员会的职责规定得比较详细，从学报的征稿、来稿、审阅、评定，到学报的编辑、出版、发行都由编审委员会负责。编委会不仅对学报有咨询、指导、监督等务虚的内容，也增添了实实在在的审阅稿件、制订编审计划、作业流程等具体工作。每期还要求刊发各类学科召集人邀请相关领域学者的特约稿件。

反观大陆的高校学报，也都有编辑委员会，一般也都是由著名专家、学者组成，但是对校内、校外人员的人数要求和占比情况却鲜有规定。一般情况下，大陆高校人文社科期刊的顾问委员会由校外学科专家组成，而

---

❶ "国立"清华大学网站：《清华学报》编辑委员 . http：//thjcs. web. ntu. edu. tw/files/11 – 1662 – 6245. php.

❷ 中国台湾地区师范大学学报官方网站：《〈教育科学研究期刊〉编审委员会设置办法和〈师大学报：语言与文学类〉编审委员会设置办法》. http：//jntnu. ntnu. edu. tw/pub/Graphic. aspx? ItemId = 56.

❸ 中国台湾地区师范大学学报官方网站：《〈教育科学研究期刊〉编审委员会设置办法和〈师大学报：语言与文学类〉编审委员会设置办法》. http：//jntnu. ntnu. edu. tw/pub/Graphic. aspx? ItemId = 56.

编委会则由校内行政领导和学科负责人担当。编辑委员会没有定期会议，没有征稿、审稿等硬性任务，更多的是一种虚设。

（四）关于人文社科学术期刊评价体系的建构

关于高校人文社科综合性学报的评价和分级，可以说海峡两岸高校所走过和经历的道路也非常相似。目前，我国大陆对人文社科学术期刊的评价体系主要有三种：由北京大学图书馆研究发布的"中文核心期刊目录"；由中国社会科学院发布的"中国人文社会科学核心期刊"以及由南京大学的中国社会科学研究评价中心研究发布的"中国社会科学引文索引"（简称 CSSCI）。"中国社会科学引文索引"是在教育部社科司的直接领导下，由全国 16 所重点高校的 17 位代表组成"CSSCI 指导委员会"进行遴选。CSSCI 的主要遴选指标是通过刊物的评选、期刊被引次数、影响因子的统计和分析进行的。❶ 由于各个高校都直接或间接地接受教育部的管理，教育部的重点学科遴选、学位授予等很多项目都参考 CSSCI 论文发表情况，致使 CSSCI 的官方背景更显浓厚。目前，各高校和科研机构对于课题申请、评审、结项，研究生毕业，以及教师职称晋升、聘期考核等，普遍依据的量化指标也是在 CSSCI 来源期刊上发表文章数量的多寡。

无独有偶，台湾地区的 TSSCI 也是带有官方色彩的。1992 年，台湾地区教育部门开始引入美国的"社会科学引文索引"体系，1998 年最终完成首次的排名评比报告。其评选经过三道程序：第一，界定本学科的专业期刊，由社科中心各学科召集人根据学科期刊评比排序的结果，来确定哪些期刊可以纳入评比范围；第二，主观评估。对专业学者专家的投稿和阅读进行问卷调查，并针对刊物的办刊水平进行专家打分；第三，客观评估。根据期刊被引用的次数打分。包括总被引次数、每百万字的引用次数、每百篇的引用次数。最后，再综合主，客观情况，最终确定进入 TSSCI 的期刊名单。

2006 年，台湾地区还提出了"台湾地区人文学引文索引核心期刊"（THCI Core）。该索引的收录原则是：以刊载学术论文为主，过去 3 年的出

---

❶ 孙俊青.《〈北京联合大学学报（人文社会科学版）〉（2010～2012 年）》学术影响力分析[J]. 北京联合大学学报（人文社会科学版），2014（1）.

版规范执行情况、期刊匿名评审情况，综合类的期刊刊载人文类的论文数需要大于总数的40%，并且至少两学门的文章比例各大于所刊载文章总数的20%。据此，可以看出，THCI 更加侧重的是检索工具和研究工具的实用性。尽管它对申请的期刊也实行基本评量和引用评量的评审，主要基本评量的标准也是出版格式、论文撰写格式、编辑作业和刊行作业。引用评量是根据 THCI 的引用资料而制定的标准，包括论文篇数、影响系数和即时指数三项[1]。与 TSSCI 有所不同，《台湾地区人文学引文索引核心期刊》（THCI Core）鉴于人文学科研究文章的特殊性，把高水平的学报纳入其中，如台湾地区的"国立"清华大学出品的《清华学报》从 2008 年起，一直获得收录。[2]

与大陆的 CSSCI 不同的是，每一年台湾地区"行政院国家科学委员会人文及社会科学发展处"都要召开期刊评审委员会联席会议，依据"台湾地区社会科学引文索引数据库期刊收录实施方案"，赋予"刊登论文之学术水平""评审制度""主编之学术成就""内稿比率""编排校对"等 5 个一级指标和综合评述的权重，并对期刊格式、论文格式、编辑作业、刊行作业 4 个一级指标进行打分，以便调整各年期刊数据库收录期刊名单。在 TSSCI 期刊评选指标中明确标明：退稿率一项高于 70% 的可以得满分 12 分，低于 30% 的则为 0 分，30% ~ 50% 得 8 分；审稿人匿名可得满分 4 分；送审稿件匿名也可得满分 4 分。[3] 可见，在这些除引用数据之外的主观测评中，退稿率和匿名审稿是他们极其看重的。

（五）关于人文社科学报的国际化发展

国际化程度和开放性一直是衡量学术期刊的一个重要指标。学术期刊的一大重要功能就是促进学术交流，从利于传播的角度讲，国际化确实是

---

❶ 李星星. 台湾地区人文社会科学引文数据库来源期刊遴选评析 [J]. 图书馆论坛, 2010 (4).

❷ "国立"清华大学网站. 贺〈清华学报〉获收录 2014 年"台湾地区人文学引文索引核心期刊（THCI Core）" [EB/OL]. http://thjcs. web. nthu. edu. tw/files/14 - 1662 - 78460，r2744 - 1. php.

❸ 潘宇鹏. 彭卫民. TSSCI 的随想——学术生产的永续发展 [N]. 社会科学报, 2012 - 02 - 16.

期刊发展的重要指标。台湾地区的学术期刊国际化程度相对较高，他们高校学报的征稿启事普遍都注明：中英文来稿皆可。有的学报每期都有全英文文章。刊物所登文章的参考文献部分引用英文资料的也居多。这一方面与学者、教师、研究人员的学术视野有关；另一方面跟他们管理部门的要求也密切相关。大陆的高校人文社科综合性学报，新闻出版管理部门颁发的许可证上就有关于文种的选择项，一般都是汉语。稿件自然是中文稿件，刊发外国作者的也是需要翻译成中文来刊发的。如果中、英文混登将被视为违反规定，不符合管理规范。当然，一些专门审批的纯英文期刊除外。

如前所述，台湾地区的高校人文社科学术刊物所聘请的编委中海外人员占有一定比例。如："国立"清华大学的《清华学报》共有编委 13 人，校外编委 8 人，海外编委占 4 人，将近 40%。❶ 海外编委均来自美国、日本、中国香港等国家和地区。台湾地区师范大学的《教育科学研究期刊》和《师大学报（语言与文学类）》的编委也不乏来自大陆和香港的学者。在期刊国际化方面，台湾地区的高校人文社科学术期刊普遍做得较好，大陆的很多期刊正在改变之中。

---

❶ "国立"清华大学网站.《清华学报》编辑委员 ［EB/OL］. http：//thjcs. web. ntu. edu. tw/files/11 – 1662 – 6245. php.

第二章　大数据时代的中国高校学术期刊改革

第一节　关于高校学术期刊的调查问卷

对高校学术期刊的存在发展以及未来进行的问卷调查

本课题的研究主要对象就是在大数据背景下的中国学术期刊改革发展，针对时代发展特点和文化体制改革背景下的学术期刊改革，力求提出改革的思路和主要内容，提出改革所遇到的主要问题。为此本课题特意聘请了专业的公司，设计了调查问卷，进行问卷发放和整理，并且录入分析。针对普通高等院校、成人高等院校和重点大学进行了针对学术期刊的问卷调查，主要涉及的题目包括三部分。

一、问卷调查

问卷调查（一）

尊敬的各单位/学校/院系/图书馆负责人/读者：

你们好！我是一名学报编辑，想了解贵单位/个人对学报的了解情况，非常希望能得到你们的帮助。以下是读者意向调查问卷，请在您认为适当的选项前打"√"或说明，并邮寄、传真或用 E - mail 返还给我们。对您在百忙中抽空给予的支持表示衷心的感谢！届时我们将有赠品寄出。

1. 您/贵单位是否订阅大学学报？

□是　□否　□其他（请说明＿＿＿＿＿）

2. 您得到大学学报的途径

□邮局订阅　□杂志社订阅　□单位赠阅　□个人赠阅　□展会赠阅

□网络查询 □其他（请说明_____）

若为赠阅，请说明是否还有赠阅要求？ □是 □否

3. 您对什么样的大学学报感兴趣？

□著名大学的学报 □与自己从事专业有关的学报

□有感兴趣的栏目 □其他（请说明_____）

4. 您是如何阅读大学学报的？

□每期都会翻翻 □需要时查阅 □选择感兴趣的文章认真阅读

□从来不看 □其他（请说明_____）

5. 您是通过何种渠道获得学报相关文章的信息？

□商业数据库 □纸本阅读 □期刊网站 □编辑部索取

□其他（请说明_____）

6. 您是如何获得学报电子版的？

□数据库 □期刊网站 □直接向作者索取

□其他（请说明_____）

7. 您认为影响贵单位订阅学报的主要因素是什么？

□价格 □文章水平 □网刊的影响

□其他（请说明_____）

8. 贵单位性质

□图书馆 □高校 □科研机构 □其他（请说明_____）

问卷调查（二）

尊敬的各单位/学校/院系/图书馆负责人/读者：

你们好！我是一名学报编辑，想了解贵单位/个人对学报的了解情况，非常希望能得到你们的帮助。以下是读者意向调查问卷，请在您认为适当的选项前打"√"或说明，并邮寄、传真或用 E－mail 返还给我们。对您在百忙中抽空给予的支持表示衷心的感谢！届时我们将有赠品寄出。

1. 您的年龄

□20～24 岁 □25～29 岁 □30～34 岁 □35～39 岁

□40～44 岁 □45～49 岁 □50 岁及以上

2. 您的受教育程度

□大专 □大学本科 □硕士研究生 □博士研究生

3. 您目前主要从事的工作

□科研　□教学　□管理　□工程师　□企业

4. 您是否经常阅读大学学报

□经常　□偶尔　□几乎不

5. 您阅读大学学报的方式是

□每期都仔细阅读　□只浏览内容　□只阅读其中感兴趣的论文

□基本不看

6. 您认为学报的内容是否是当前科学发展的前沿和社会发展的难点、热点问题

□是　□大部分是　□大部分不是　□不是

7. 您认为学报现在的内容对您的工作有没有用

□有用　□受益很大　□没有用

8. 您认为学报目前刊登的内容大部分偏于理论、少量侧重应用的总体安排是否合适

□合适　□基础理论性的内容太多　□应用方面太少

9. 您认为学报目前的印刷质量

□好　□一般　□有待提高　□差

10. 您认为学报目前的编辑质量

□好　□一般　□有待提高　□差

11. 您认为学报是否可以刊登广告

□不要登　□少量登　□多登

12. 您对办好学报有什么建议和希望（请写在下面，可另附纸）：

13. 您的联系方式：

14. 您/贵单位经常关注的大学学报有：

2.1 您选择阅读期刊的影响因素（可多选）

□期刊的声誉 □期刊的广告信息

□期刊加入了数据库容易获得文章内容

□只关注论文内容，而不关心是哪种期刊 □首选国外期刊

□基本不看国内期刊

2.2 您认为国内的期刊和国外知名期刊相比有哪些地方需要改进？

问卷调查（三）

尊敬的学报同仁：

你们好！我是一名学报编辑，正在做一项关于"文化体制改革背景下高校学术期刊的发展"的调查研究，想了解贵单位/个人对此的认识和了解情况，非常希望能得到你们的帮助。以下的调查问卷，请在您认为适当的选项前打"√"或回答说明，并邮寄、传真或用 E‑mail 返还给我们。对您在百忙中抽空给予的支持表示衷心的感谢！届时我们将有赠品寄出。

一、您/贵单位的信息

年龄：_____；职称：_____；学历：_____

单位名称：_____

通信地址：_____

邮编：_____

联系电话：_____ E‑mail：_____

联系方式：

二、编辑部同行调查

1. 您关注文化体制改革吗？

□十分关注 □一般 □不关注

2. 您认为学报需要改革吗？

□需要 □不需要

3. 您认为学报亟须哪些方面的改革？

□体制　□突出刊物的特色　□编辑人员科学素质的提高

4. 目前学报的最大特色是什么？

□综合性　□学术性　□理论性

5. 目前学报的发展方向

□改革体制，脱离高校　□办专业期刊

□走综合性发展之路，加强编辑内涵建设

6. 您所在编辑部的人数

□3 人及以下　□4～6 人　□6～9 人

7. 专职编辑与兼职编辑的比例

_____

8. 编辑人员的性别结构　　女性：男性

_____

9. 编辑人员的年龄结构

□35 岁以下　□35～50 岁　□50 岁以上

10. 在专业结构方面，所从事编辑的学科与本编辑所研究的专业方向是否一致

□一致　□不一致　□大类一致

11. 编辑人员的学历结构

博士　%　　硕士　%　　大学　%　　大学以下　%

12. 编辑人员的职称分布

正高　%　　副高　%　　中级　%　　中级以下　%

13. 编辑人员是否经常有机会参加学术活动

□是　　□否

14. 编辑人员是否兼有教学和科研任务

□是　　　　□否

15. 编辑人员是否有机会进修或接受出版编辑专业的培训

□是　　　　□否

16. 编辑部是否形成固定的培训制度

□是　　　　□否

17. 现有的各种短期培训能否满足编辑人员的业务需求

□是　　　　　　　□否

18. 主编、副主编和编辑部主任的设置是否齐全

□是　　　　　　　□否

19. 编辑部属于科研实体，还是教辅单位

□科研实体　　　　□教辅单位

三、重点高校问卷调查数据

GET FILE = 'C：\ Users \ lenovo \ Desktop \ 重点高校 . sav'. FREQUENCIES VARIABLES = 订阅大学学报 得到学报途径/BARCHART FREQ/ORDER = ANALYSIS.

Frequencies

［数据集1］C：\ Users \ lenovo \ Desktop \ 普通重点高校 . sav

Statistics

		订阅大学学报	得到学报途径
N	Valid	137	135
	Missing	126	128

Frequency Table

订阅大学学报

		Frequency	Percent	Valid Percent	Cumulative Percent
Valid	是	86	32.7	62.8	62.8
	否	48	18.3	35.0	97.8
	其他	3	1.1	2.2	100.0
	Total	137	52.1	100.0	
Missing	System	126	47.9		
	Total	263	100.0		

得到学报途径

		Frequency	Percent	Valid Percent	Cumulative Percent
Valid	邮局订阅	8	3.0	5.9	5.9
	杂志社订阅	8	3.0	5.9	11.9
	单位赠阅	65	24.7	48.1	60.0
	个人赠阅	12	4.6	8.9	68.9
	展会赠阅	3	1.1	2.2	71.1
	其他	36	13.7	26.7	97.8
	7	3	1.1	2.2	100.0
	Total	135	51.3	100.0	
Missing	System	128	48.7		
	Total	263	100.0		

Bar Chart

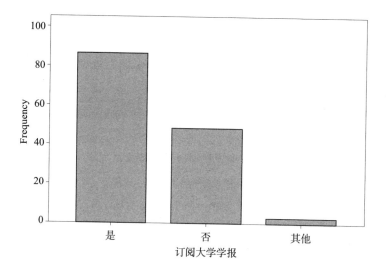

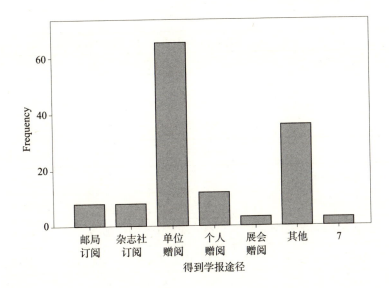

FREQUENCIES VARIABLES = 感兴趣的学报 阅读方式/BARCHART FREQ/ORDER = ANALYSIS.

Frequencies

［数据集1］C：\ Users \ lenovo \ Desktop \ 重点高校．sav

Statistics

		感兴趣的学报	阅读方式
N	Valid	148	139
	Missing	115	124

Frequency Table

感兴趣的学报

		Frequency	Percent	Valid Percent	Cumulative Percent
Valid	著名大学的学报	38	14.4	25.7	25.7
	与自己从事专业有关的学报	80	30.4	54.1	79.7
	有感兴趣的栏目	30	11.4	20.3	100.0
	Total	148	56.3	100.0	

续表

		Frequency	Percent	Valid Percent	Cumulative Percent
Missing	System	115	43.7		
	Total	263	100.0		

阅读方式

		Frequency	Percent	Valid Percent	Cumulative Percent
Valid	每期都会翻翻	26	9.9	18.7	18.7
	需要时查阅	40	15.2	28.8	47.5
	选择感兴趣的文章认真阅读	65	24.7	46.8	94.2
	从来不看	8	3.0	5.8	100.0
	Total	139	52.9	100.0	
Missing	System	124	47.1		
	Total	263	100.0		

Bar Chart

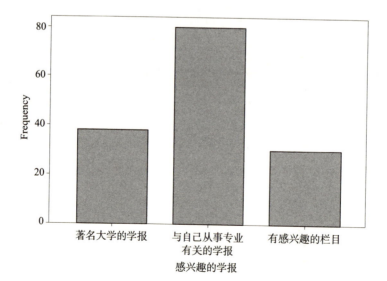

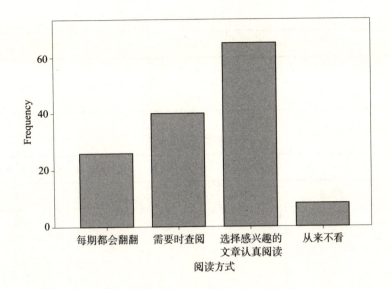

FREQUENCIES VARIABLES = 获得学报信息途径 获得学报电子版途径/BARCHART FREQ/ORDER = ANALYSIS.

Frequencies

［数据集 1］C：\ Users \ lenovo \ Desktop \ 重点高校．sav

Statistics

		获得学报信息途径	获得学报电子版途径
N	Valid	148	148
	Missing	115	115

Frequency Table

获得学报信息途径

		Frequency	Percent	Valid Percent	Cumulative Percent
Valid	商业数据库	23	8.7	15.5	15.5
	纸本阅读	63	24.0	42.6	58.1
	期刊网站	58	22.1	39.2	97.3
	其他	3	1.1	2.0	99.3
	6	1	0.4	0.7	100.0
	Total	148	56.3	100.0	

续表

		Frequency	Percent	Valid Percent	Cumulative Percent
Missing	System	115	43.7		
	Total	263	100.0		

获得学报电子版途径

		Frequency	Percent	Valid Percent	Cumulative Percent
Valid	数据库	65	24.7	43.9	43.9
	期刊网站	80	30.4	54.1	98.0
	直接向作者索取	1	0.4	0.7	98.6
	其他	2	0.8	1.4	100.0
	Total	148	56.3	100.0	
Missing	System	115	43.7		
	Total	263	100.0		

Bar Chart

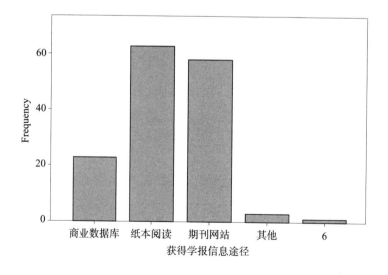

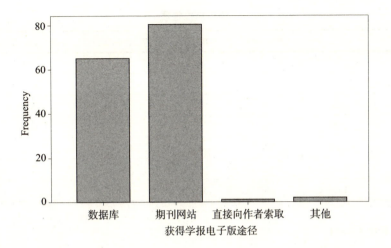

FREQUENCIES VARIABLES = 影响订阅的因素 调查单位性质/BAR-CHART FREQ/ORDER = ANALYSIS.

Frequencies

［数据集 1］C：\ Users \ lenovo \ Desktop \ 重点高校．sav

Statistics

		影响订阅的因素	调查单位性质
N	Valid	139	137
	Missing	124	126

Frequency Table

影响订阅的因素

		Frequency	Percent	Valid Percent	Cumulative Percent
Valid	价格	10	3.8	7.2	7.2
	文章水平	99	37.6	71.2	78.4
	期刊的影响	25	9.5	18.0	96.4
	其他	5	1.9	3.6	100.0
	Total	139	52.9	100.0	
Missing	System	124	47.1		
	Total	263	100.0		

调查单位性质

		Frequency	Percent	Valid Percent	Cumulative Percent
Valid	图书馆	6	2.3	4.4	4.4
	高校	120	45.6	87.6	92.0
	科研机构	10	3.8	7.3	99.3
	其他	1	0.4	0.7	100.0
	Total	137	52.1	100.0	
Missing	System	126	47.9		
	Total	263	100.0		

Bar Chart

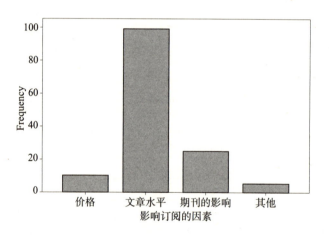

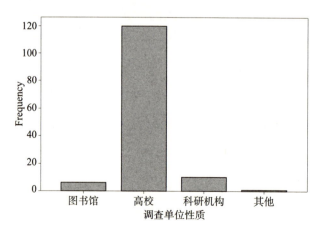

FREQUENCIES VARIABLES = 年龄 受教育程度/BARCHART FREQ/
ORDER = ANALYSIS.

Frequencies

［数据集 1］C：\ Users \ lenovo \ Desktop \ 重点高校 . sav

Statistics

		年龄	受教育程度
N	Valid	137	137
	Missing	126	126

Frequency Table

年龄

		Frequency	Percent	Valid Percent	Cumulative Percent
Valid	20～24 岁	27	10.3	19.7	19.7
	25～29 岁	23	8.7	16.8	36.5
	30～34 岁	30	11.4	21.9	58.4
	35～39 岁	33	12.5	24.1	82.5
	40～44 岁	13	4.9	9.5	92.0
	45～49 岁	6	2.3	4.4	96.4
	50 岁及以上	5	1.9	3.6	100.0
	Total	137	52.1	100.0	
Missing	System	126	47.9		
	Total	263	100.0		

受教育程度

		Frequency	Percent	Valid Percent	Cumulative Percent
Valid	大学本科	24	9.1	17.5	17.5
	硕士研究生	56	21.3	40.9	58.4
	博士研究生	57	21.7	41.6	100.0
	Total	137	52.1	100.0	
Missing	System	126	47.9		
	Total	263	100.0		

Bar Chart

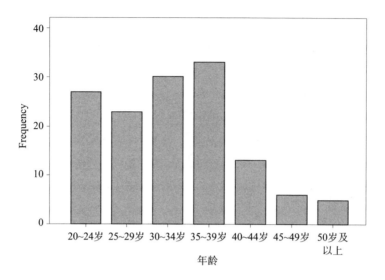

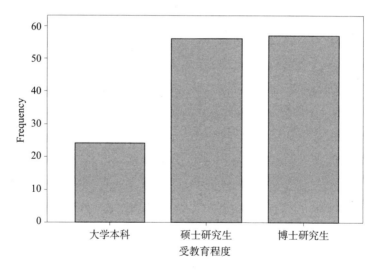

FREQUENCIES VARIABLES = 从事工作 订阅频率/BARCHART FREQ/

ORDER = ANALYSIS.

Frequencies

［数据集 1］C：＼ Users ＼ lenovo ＼ Desktop ＼ 重点高校 . sav

Statistics

		从事工作	订阅频率
N	Valid	140	137
	Missing	123	126

Frequency Table

从事工作

		Frequency	Percent	Valid Percent	Cumulative Percent
Valid	科研	55	20.9	39.3	39.3
	教学	58	22.1	41.4	80.7
	管理	22	8.4	15.7	96.4
	工程师	5	1.9	3.6	100.0
	Total	140	53.2	100.0	
Missing	System	123	46.8		
	Total	263	100.0		

订阅频率

		Frequency	Percent	Valid Percent	Cumulative Percent
Valid	经常	42	16.0	30.7	30.7
	偶尔	77	29.3	56.2	86.9
	几乎不	18	6.8	13.1	100.0
	Total	137	52.1	100.0	
Missing	System	126	47.9		
	Total	263	100.0		

Bar Chart

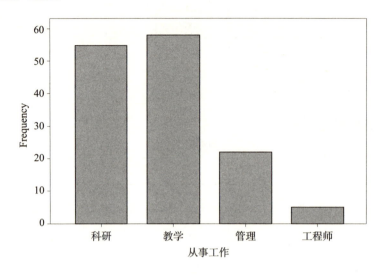

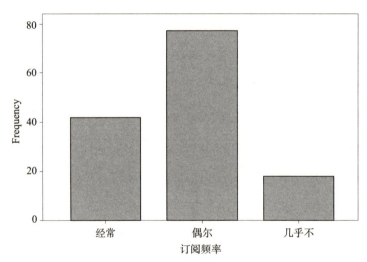

FREQUENCIES VARIABLES = 阅读方式，学报内容/BARCHART FREQ/ORDER = ANALYSIS.

Frequencies

［数据集 1］C：\ Users \ lenovo \ Desktop \ 重点高校 . sav

Statistics

		阅读方式	学报内容
N	Valid	138	136
	Missing	125	127

Frequency Table

阅读方式

		Frequency	Percent	Valid Percent	Cumulative Percent
Valid	每期都仔细阅读	15	5.7	10.9	10.9
	只浏览内容	9	3.4	6.5	17.4
	只阅读其中感兴趣的论文	101	38.4	73.2	90.6
	基本不看	13	4.9	9.4	100.0
	Total	138	52.5	100.0	
Missing	System	125	47.5		
	Total	263	100.0		

学报内容

		Frequency	Percent	Valid Percent	Cumulative Percent
Valid	是	8	3.0	5.9	5.9
	大部分是	78	29.7	57.4	63.2
	大部分不是	42	16.0	30.9	94.1
	不是	8	3.0	5.9	100.0
	Total	136	51.7	100.0	
Missing	System	127	48.3		
	Total	263	100.0		

Bar Chart

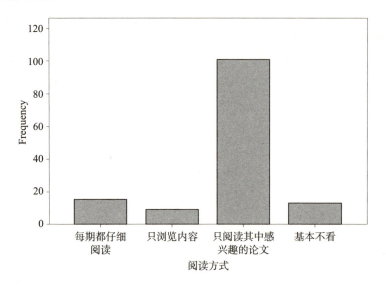

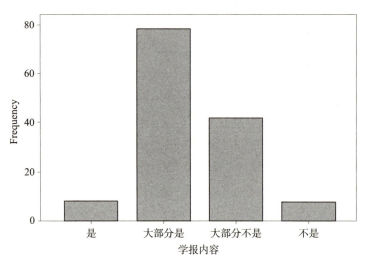

FREQUENCIES VARIABLES = 对工作是否有用 总体内容/BARCHART
FREQ/ORDER = ANALYSIS.

Frequencies

［数据集 1］C：\ Users \ lenovo \ Desktop \ 重点高校 . sav

Statistics

		对工作是否有用	总体内容
N	Valid	137	140
	Missing	126	123

Frequency Table

对工作是否有用

		Frequency	Percent	Valid Percent	Cumulative Percent
Valid	有用	78	29.7	56.9	56.9
	受益很大	34	12.9	24.8	81.8
	没有用	25	9.5	18.2	100.0
	Total	137	52.1	100.0	
Missing	System	126	47.9		
	Total	263	100.0		

总体内容

		Frequency	Percent	Valid Percent	Cumulative Percent
Valid	合适	49	18.6	35.0	35.0
	基础理论性的太多	31	11.8	22.1	57.1
	应用方面太少	60	22.8	42.9	100.0
	Total	140	53.2	100.0	
Missing	System	123	46.8		
	Total	263	100.0		

Bar Chart

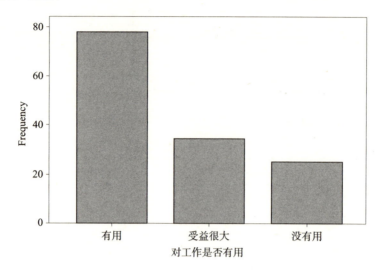

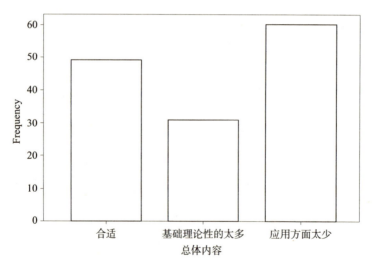

FREQUENCIES VARIABLES = 印刷质量 编辑质量/BARCHART FREQ/
ORDER = ANALYSIS.

Frequencies

［数据集1］C：\ Users \ lenovo \ Desktop \ 重点高校 . sav

Statistics

		印刷质量	编辑质量
N	Valid	137	137
	Missing	126	126

Frequency Table

印刷质量

		Frequency	Percent	Valid Percent	Cumulative Percent
Valid	好	40	15.2	29.2	29.2
	一般	63	24.0	46.0	75.2
	有待提高	31	11.8	22.6	97.8
	差	3	1.1	2.2	100.0
	Total	137	52.1	100.0	
Missing	System	126	47.9		
	Total	263	100.0		

编辑质量

		Frequency	Percent	Valid Percent	Cumulative Percent
Valid	好	28	10.6	20.4	20.4
	一般	67	25.5	48.9	69.3
	有待提高	38	14.4	27.7	97.1
	差	4	1.5	2.9	100.0
	Total	137	52.1	100.0	
Missing	System	126	47.9		
	Total	263	100.0		

Bar Chart

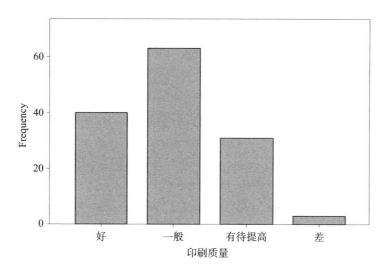

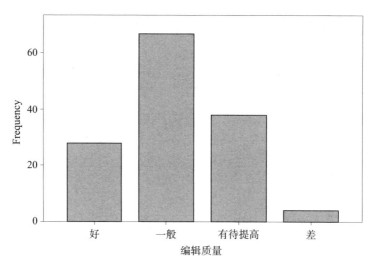

FREQUENCIES VARIABLES = 刊登广告/BARCHART FREQ/ORDER = ANALYSIS.

Frequencies

［数据集 1］C：\ Users \ lenovo \ Desktop \ 重点高校 . sav

Statistics

刊登广告

N	Valid	138
	Missing	125

刊登广告

		Frequency	Percent	Valid Percent	Cumulative Percent
Valid	不要登	49	18.6	35.5	35.5
	少量登	83	31.6	60.1	95.7
	多登	4	1.5	2.9	98.6
	4	1	0.4	0.7	99.3
	5	1	0.4	0.7	100.0
	Total	138	52.5	100.0	
Missing	System	125	47.5		
	Total	263	100.0		

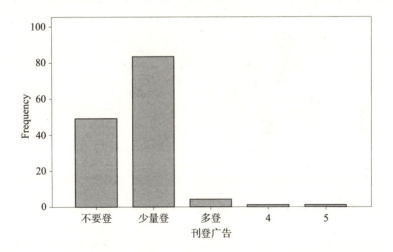

FREQUENCIES VARIABLES = 影响因素/PIECHART FREQ/ORDER = A-NALYSIS.

Frequencies

［数据集 1］C：\ Users \ lenovo \ Desktop \ 普通重点高校 . sav

Statistics

影响因素

N	Valid	263
	Missing	0

影响因素

		Frequency	Percent	Valid Percent	Cumulative Percent
Valid	期刊的声誉	119	45.2	45.2	45.2
	期刊的广告信息	12	4.6	4.6	49.8
	期刊加入了数据库容易获得文章内容	105	39.9	39.9	89.7
	只关注论文内容，而不关心哪种期刊	13	4.9	4.9	94.7
	首选国外期刊	11	4.2	4.2	98.9
	基本不看国内期刊	3	1.1	1.1	100.0
	Total	263	100.0	100.0	

影响因素

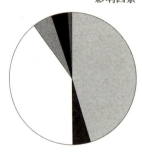

- 期刊的声誉
- 期刊的广告信息
- 期刊加入了数据库容易获得文章内容
- 只关注论文内容，而不关心哪种期刊
- 首选国外期刊
- 基本不看国内期刊

四、普通高校的调查数据

GET FILE = 'C：\ Users \ lenovo \ Desktop \ 问卷普通高校. sav'．FRE-QUENCIES VARIABLES =订阅大学学报 得到学报途径/BARCHART FREQ/ORDER = ANALYSIS.

Frequencies

［数据集1］C：\ Users \ lenovo \ Desktop \ 问卷普通高校. sav

Statistics

		订阅大学学报	得到学报途径
N	Valid	135	143
	Missing	138	130

Frequency Table

订阅大学学报

		Frequency	Percent	Valid Percent	Cumulative Percent
Valid	是	65	23.8	48.1	48.1
	否	69	25.3	51.1	99.3
	其他	1	0.4	0.7	100.0
	Total	135	49.5	100.0	
Missing	System	138	50.5		
	Total	273	100.0		

得到学报途径

		Frequency	Percent	Valid Percent	Cumulative Percent
Valid	邮局订阅	9	3.3	6.3	6.3
	杂志社订阅	6	2.2	4.2	10.5
	单位赠阅	84	30.8	58.7	69.2
	个人赠阅	1	0.4	0.7	69.9
	展会赠阅	4	1.5	2.8	72.7
	网络查询	30	11.0	21.0	93.7
	其他	9	3.3	6.3	100.0
	Total	143	52.4	100.0	
Missing	System	130	47.6		
	Total	273	100.0		

Bar Chart

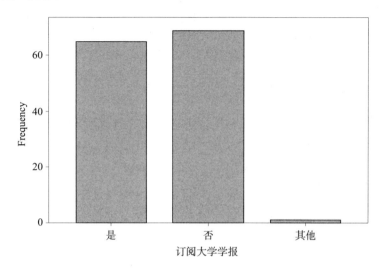

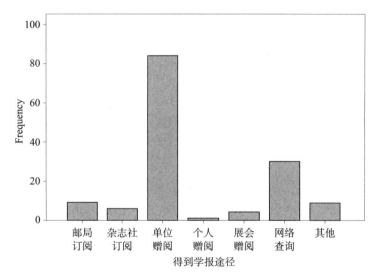

FREQUENCIES VARIABLES = 感兴趣的学报 阅读方式/BARCHART
FREQ/ORDER = ANALYSIS.

Frequencies

［数据集1］C：\ Users \ lenovo \ Desktop \ 问卷普通高校 . sav

Statistics

		感兴趣的学报	阅读方式
N	Valid	151	148
	Missing	122	125

Frequency Table

感兴趣的学报

		Frequency	Percent	Valid Percent	Cumulative Percent
Valid	著名大学的学报	27	9.9	17.9	17.9
	与自己所从事专业有关的学报	109	39.9	72.2	90.1
	有感兴趣的栏目	15	5.5	9.9	100.0
	Total	151	55.3	100.0	
Missing	System	122	44.7		
	Total	273	100.0		

阅读方式

		Frequency	Percent	Valid Percent	Cumulative Percent
Valid	每期都会翻翻	14	5.1	9.5	9.5
	需要时查阅	65	23.8	43.9	53.4
	选有兴趣的文章认真阅读	65	23.8	43.9	97.3
	从来不看	1	0.4	0.7	98.0
	5	3	1.1	2.0	100.0
	Total	148	54.2	100.0	
Missing	System	125	45.8		
	Total	273	100.0		

FREQUENCIES VARIABLES = 获得学报信息途径 获得学报电子版途径 /BARCHART FREQ/ORDER = ANALYSIS.

[数据集 1] C：\ Users \ lenovo \ Desktop \ 普通高校 . sav

Statistics

		获得学报信息途径	获得学报电子版途径
N	Valid	148	142
	Missing	125	131

Frequency Table

获得学报信息途径

		Frequency	Percent	Valid Percent	Cumulative Percent
Valid	商业数据库	32	11.7	21.6	21.6
	纸本阅读	59	21.6	39.9	61.5
	期刊网站	56	20.5	37.8	99.3
	编辑部索取	1	0.4	0.7	100.0
	Total	148	54.2	100.0	
Missing	System	125	45.8		
	Total	273	100.0		

获得学报电子版途径

		Frequency	Percent	Valid Percent	Cumulative Percent
Valid	数据库	74	27.1	52.1	52.1
	期刊网站	66	24.2	46.5	98.6
	直接向作者索取	2	0.7	1.4	100.0
	Total	142	52.0	100.0	
Missing	System	131	48.0		
	Total	273	100.0		

Bar Chart

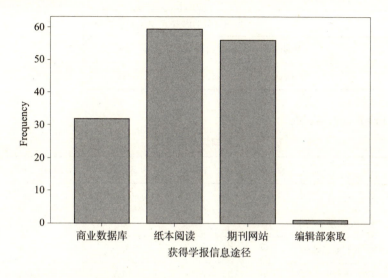

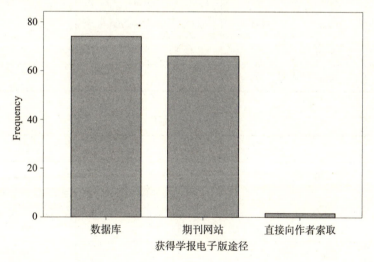

FREQUENCIES VARIABLES = 影响订阅的因素 调查单位性质/BAR-CHART FREQ/ORDER = ANALYSIS.

Frequencies

［数据集1］C：\ Users \ lenovo \ Desktop \ 问卷普通高校 . sav

Statistics

		影响订阅的因素	调查单位性质
N	Valid	144	135
	Missing	129	138

Frequency Table

影响订阅的因素

		Frequency	Percent	Valid Percent	Cumulative Percent
Valid	价格	3	1.1	2.1	2.1
	文章水平	100	36.6	69.4	71.5
	期刊的影响	38	13.9	26.4	97.9
	其他	3	1.1	2.1	100.0
	Total	144	52.7	100.0	
Missing	System	129	47.3		
	Total	273	100.0		

调查单位性质

		Frequency	Percent	Valid Percent	Cumulative Percent
Valid	图书馆	3	1.1	2.2	2.2
	高校	126	46.2	93.3	95.6
	科研机构	5	1.8	3.7	99.3
	其他	1	0.4	0.7	100.0
	Total	135	49.5	100.0	
Missing	System	138	50.5		
	Total	273	100.0		

Bar Chart

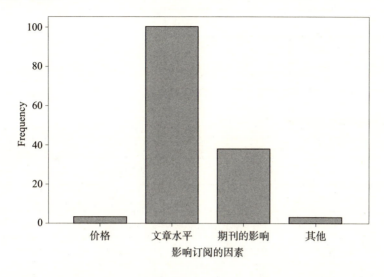

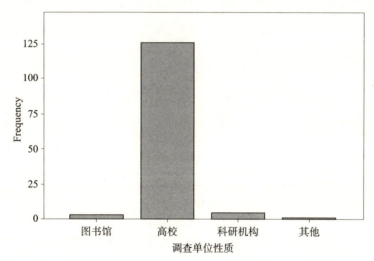

FREQUENCIES VARIABLES = 年龄 受教育程度/BARCHART FREQ/
ORDER = ANALYSIS.

Frequencies

［数据集 1］C：\ Users \ lenovo \ Desktop \ 问卷普通高校 . sav

Statistics

		年龄	受教育程度
N	Valid	135	135
	Missing	138	138

Frequency Table

年龄

		Frequency	Percent	Valid Percent	Cumulative Percent
Valid	25～29 岁	21	7.7	15.6	15.6
	30～34 岁	37	13.6	27.4	43.0
	35～39 岁	35	12.8	25.9	68.9
	40～44 岁	24	8.8	17.8	86.7
	45～49 岁	11	4.0	8.1	94.8
	50 岁及以上	6	2.2	4.4	99.3
	23	1	0.4	0.7	100.0
	Total	135	49.5	100.0	
Missing	System	138	50.5		
	Total	273	100.0		

受教育程度

		Frequency	Percent	Valid Percent	Cumulative Percent
Valid	大学本科	9	3.3	6.7	6.7
	硕士研究生	88	32.2	65.2	71.9
	博士研究生	38	13.9	28.1	100.0
	Total	135	49.5	100.0	
Missing	System	138	50.5		
	Total	273	100.0		

Bar Chart

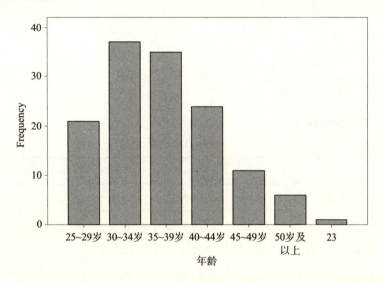

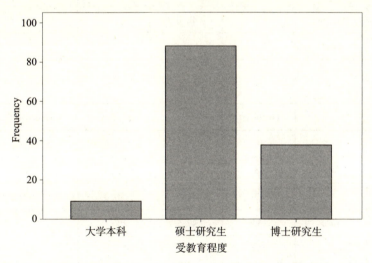

FREQUENCIES VARIABLES = 从事工作 订阅频率/BARCHART FREQ/ ORDER = ANALYSIS.

［数据集 1］C：\ Users \ lenovo \ Desktop \ 问卷普通高校 . sav

Statistics

		从事工作	订阅频率
N	Valid	142	135
	Missing	131	138

Frequency Table

从事工作

		Frequency	Percent	Valid Percent	Cumulative Percent
Valid	科研	8	2.9	5.6	5.6
	教学	71	26.0	50.0	55.6
	管理	63	23.1	44.4	100.0
	Total	142	52.0	100.0	
Missing	System	131	48.0		
	Total	273	100.0		

订阅频率

		Frequency	Percent	Valid Percent	Cumulative Percent
Valid	经常	40	14.7	29.6	29.6
	偶尔	68	24.9	50.4	80.0
	几乎不	27	9.9	20.0	100.0
	Total	135	49.5	100.0	
Missing	System	138	50.5		
	Total	273	100.0		

Bar Chart

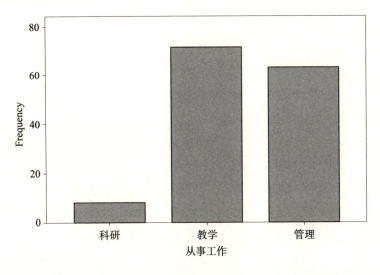

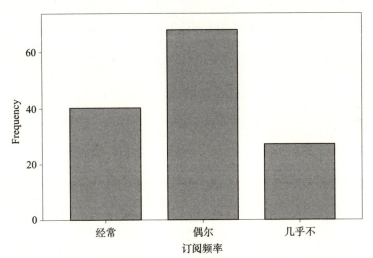

FREQUENCIES VARIABLES = 阅读方式_ A 学报内容/BARCHART
FREQ/ORDER = ANALYSIS.

［数据集 1］C：\ Users \ lenovo \ Desktop \ 问卷普通高校 . sav

Statistics

		阅读方式	学报内容
N	Valid	138	135
	Missing	135	138

Frequency Table

阅读方式

		Frequency	Percent	Valid Percent	Cumulative Percent
Valid	每期都会仔细阅读	5	1.8	3.6	3.6
	只浏览内容	25	9.2	18.1	21.7
	只阅读其中感兴趣的论文	97	35.5	70.3	92.0
	基本不看	11	4.0	8.0	100.0
	Total	138	50.5	100.0	
Missing	System	135	49.5		
Total		273	100.0		

学报内容

		Frequency	Percent	Valid Percent	Cumulative Percent
Valid	是	3	1.1	2.2	2.2
	大部分是	69	25.3	51.1	53.3
	大部分不是	63	23.1	46.7	100.0
	Total	135	49.5	100.0	
Missing	System	138	50.5		
Total		273	100.0		

Bar Chart

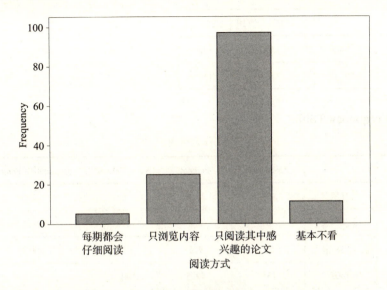

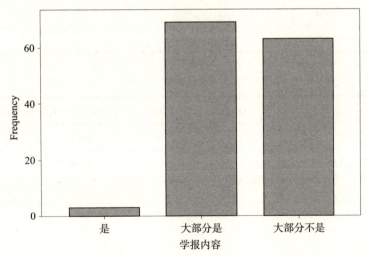

FREQUENCIES VARIABLES = 对工作是否有用 总体内容/BARCHART FREQ/ORDER = ANALYSIS.

Frequencies

［数据集 1］C：\ Users \ lenovo \ Desktop \ 问卷普通高校 . sav

Statistics

		对工作是否有用	总体内容
N	Valid	135	137
	Missing	138	136

Frequency Table

对工作是否有用

		Frequency	Percent	Valid Percent	Cumulative Percent
Valid	有用	104	38.1	77.0	77.0
	受益很大	6	2.2	4.4	81.5
	没有用	25	9.2	18.5	100.0
	Total	135	49.5	100.0	
Missing	System	138	50.5		
	Total	273	100.0		

总体内容

		Frequency	Percent	Valid Percent	Cumulative Percent
Valid	合适	33	12.1	24.1	24.1
	基础理论性的太多	31	11.4	22.6	46.7
	应用方面太少	73	26.7	53.3	100.0
	Total	137	50.2	100.0	
Missing	System	136	49.8		
	Total	273	100.0		

Bar Chart

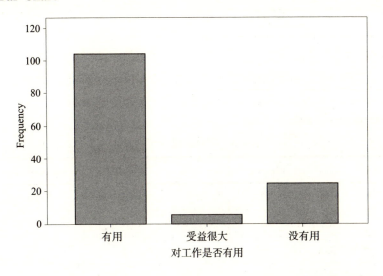

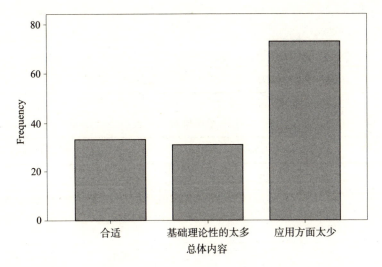

FREQUENCIES VARIABLES = 印刷质量 编辑质量/BARCHART FREQ/ ORDER = ANALYSIS.

Frequencies

[数据集 1] C：\ Users \ lenovo \ Desktop \ 问卷普通高校 . sav

Statistics

		印刷质量	编辑质量
N	Valid	135	134
	Missing	138	139

Frequency Table

印刷质量

		Frequency	Percent	Valid Percent	Cumulative Percent
Valid	好	50	18.3	37.0	37.0
	一般	46	16.8	34.1	71.1
	有待提高	30	11.0	22.2	93.3
	差	9	3.3	6.7	100.0
	Total	135	49.5	100.0	
Missing	System	138	50.5		
	Total	273	100.0		

编辑质量

		Frequency	Percent	Valid Percent	Cumulative Percent
Valid	好	10	3.7	7.5	7.5
	一般	78	28.6	58.2	65.7
	有待提高	40	14.7	29.9	95.5
	差	6	2.2	4.5	100.0
	Total	134	49.1	100.0	
Missing	System	139	50.9		
	Total	273	100.0		

Bar Chart

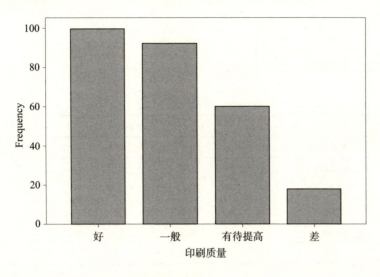

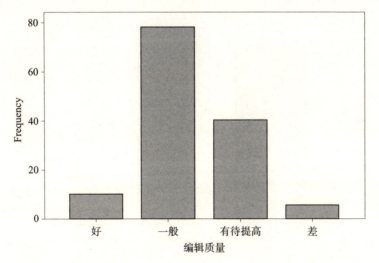

FREQUENCIES VARIABLES = 刊登广告/BARCHART FREQ/ORDER = ANALYSIS.

Frequencies

［数据集 1］C：\ Users \ lenovo \ Desktop \ 问卷普通高校 . sav

Statistics

刊登广告

N	Valid	135
	Missing	138

刊登广告

		Frequency	Percent	Valid Percent	Cumulative Percent
Valid	不要登	64	23.4	47.4	47.4
	少量登	70	25.6	51.9	99.3
	多登	1	0.4	0.7	100.0
	Total	135	49.5	100.0	
Missing	System	138	50.5		
	Total	273	100.0		

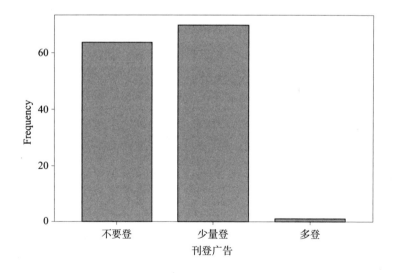

FREQUENCIES VARIABLES = 影响因素/PIECHART FREQ/ORDER = A-NALYSIS.

[数据集1] C：\ Users \ lenovo \ Desktop \ 问卷普通高校 . sav

Statistics

影响因素

N	Valid	272
	Missing	1

影响因素

		Frequency	Percent	Valid Percent	Cumulative Percent
Valid	期刊的声誉	101	37.0	37.1	37.1
	期刊的广告信息	12	4.4	4.4	41.5
	期刊加入了数据库容易获得文章内容	73	26.7	26.8	68.4
	只关注文章内容，而不关心是哪种期刊	60	22.0	22.1	90.4
	首选国外期刊	25	9.2	9.2	99.6
	基本不看国内期刊	1	0.4	0.4	100.0
	Total	272	99.6	100.0	
Missing	System	1	0.4		
	Total	273	100.0		

影响因素

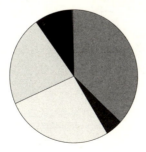

- 期刊的声誉
- 期刊的广告信息
- 期刊加入了数据库容易获得文章内容
- 只关注文章内容，而不关心是哪种期刊
- 首选国外期刊
- 基本不看国内期刊

五、成人高校学术期刊调查情况

GET FILE = C：\ Users \ lenovo \ Desktop \ 成人高校 . sav：FREQUENCIES VARIABLES = 订阅大学学报/BARCHART FREQ/ORDER = ANALYSIS.

［数据集 1］C：\ Users \ lenovo \ Desktop \ 成人高校 . sav

Statistics

订阅大学学报

N	Valid	68
	Missing	70

订阅大学学报

		Frequency	Percent	Valid Percent	Cumulative Percent
Valid	是	35	25. 4	51. 5	51. 5
	否	32	23. 2	47. 1	98. 5
	其他	1	0. 7	1. 5	100. 0
	Total	68	49. 3	100. 0	
Missing	System	70	50. 7		
	Total	138	100. 0		

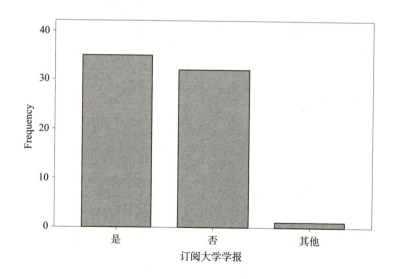

FREQUENCIES VARIABLES = 得到学报途径/BARCHART FREQ/OR-DER = ANALYSIS.

［数据集 1］ C：\ Users \ lenovo \ Desktop \ 成人高校 . sav

Statistics

得到学报途径

N	Valid	76
	Missing	62

得到学报途径

		Frequency	Percent	Valid Percent	Cumulative Percent
Valid	邮局订阅	6	4.3	7.9	7.9
	杂志社订阅	6	4.3	7.9	15.8
	单位赠阅	44	31.9	57.9	73.7
	个人赠阅	1	0.7	1.3	75.0
	展会赠阅	2	1.4	2.6	77.6
	网络查询	13	9.4	17.1	94.7
	其他	4	2.9	5.3	100.0
	Total	76	55.1	100.0	
Missing	System	62	44.9		
	Total	138	100.0		

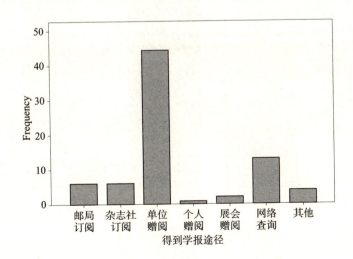

FREQUENCIES VARIABLES = 感兴趣的学报/BARCHART PERCENT/
ORDER = ANALYSIS.

Frequencies

［数据集 1］C：\ Users \ lenovo \ Desktop \ 成人高校 . sav

Statistics

感兴趣的学报

N	Valid	79
	Missing	59

感兴趣的学报

		Frequency	Percent	Valid Percent	Cumulative Percent
Valid	著名大学的学报	16	11. 6	20. 3	20. 3
	与自己所从事专业有关的学报	55	39. 9	69. 6	89. 9
	有感兴趣的栏目	8	5. 8	10. 1	100. 0
	Total	79	57. 2	100. 0	
Missing	System	59	42. 8		
	Total	138	100. 0		

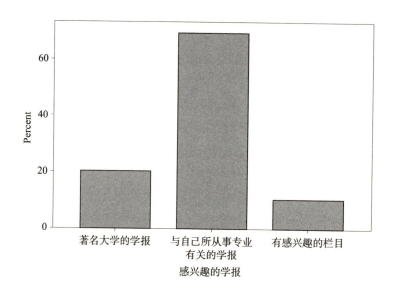

FREQUENCIES VARIABLES = 阅读方式/BARCHART FREQ/ORDER = ANALYSIS.

Frequencies

［数据集1］C：\ Users \ lenovo \ Desktop \ 成人高校 . sav

Statistics

阅读方式

N	Valid	78
	Missing	60

阅读方式

		Frequency	Percent	Valid Percent	Cumulative Percent
Valid	每期都翻翻	7	5.1	9.0	9.0
	需要时查阅	33	23.9	42.3	51.3
	选有兴趣的文章认真阅读	36	26.1	46.2	97.4
	从来不看	1	0.7	1.3	98.7
	5	1	0.7	1.3	100.0
	Total	78	56.5	100.0	
Missing	System	60	43.5		
	Total	138	100.0		

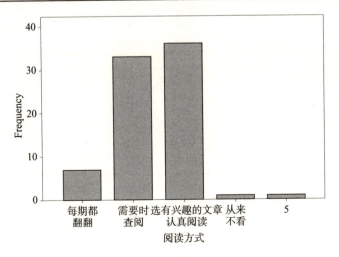

FREQUENCIES VARIABLES = 获得学报信息途径 获得学报电子版途径/BARCHART FREQ/ORDER = ANALYSIS.

Frequencies

［数据集1］C：\ Users \ lenovo \ Desktop \ 成人高校．sav

Statistics

		获得学报信息途径	获得学报电子版途径
N	Valid	78	75
	Missing	60	63

Frequency Table

获得学报信息途径

		Frequency	Percent	Valid Percent	Cumulative Percent
Valid	商业数据库	17	12.3	21.8	21.8
	纸本阅读	30	21.7	38.5	60.3
	期刊网站	30	21.7	38.5	98.7
	编辑部索取	1	0.7	1.3	100.0
	Total	78	56.5	100.0	
Missing	System	60	43.5		
	Total	138	100.0		

获得学报电子版途径

		Frequency	Percent	Valid Percent	Cumulative Percent
Valid	数据库	36	26.1	48.0	48.0
	期刊网站	37	26.8	49.3	97.3
	直接向作者索取	2	1.4	2.7	100.0
	Total	75	54.3	100.0	
Missing	System	63	45.7		
	Total	138	100.0		

Bar Chart

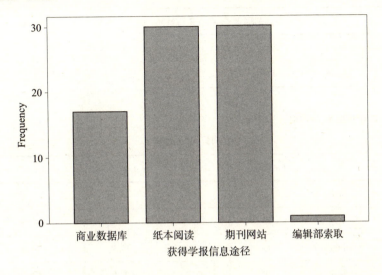

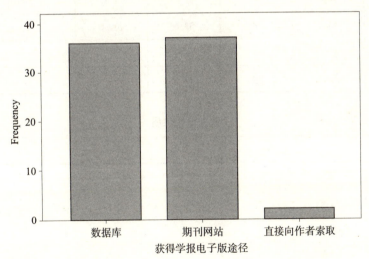

FREQUENCIES VARIABLES = 影响订阅的因素 调查单位性质/BAR-CHART FREQ/ORDER = ANALYSIS.

Frequencies

［数据集 1］C：\ Users \ lenovo \ Desktop \ 成人高校 . sav

Statistics

		影响订阅的因素	调查单位性质
N	Valid	74	68
	Missing	64	70

Frequency Table

影响订阅的因素

		Frequency	Percent	Valid Percent	Cumulative Percent
Valid	价格	1	0.7	1.4	1.4
	文章水平	53	38.4	71.6	73.0
	网刊的影响	19	13.8	25.7	98.6
	其他	1	0.7	1.4	100.0
	Total	74	53.6	100.0	
Missing	System	64	46.4		
	Total	138	100.0		

调查单位性质

		Frequency	Percent	Valid Percent	Cumulative Percent
Valid	3	2.2	4.4	4.4	
	高校	59	42.8	86.8	91.2
	科研机构	5	3.6	7.4	98.5
	其他	1	0.7	1.5	100.0
	Total	68	49.3	100.0	
Missing	System	70	50.7		
	Total	138	100.0		

Bar Chart

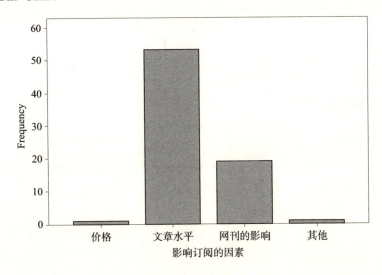

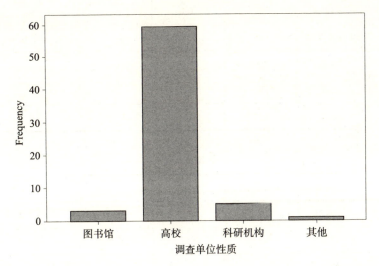

FREQUENCIES VARIABLES = 年龄 受教育程度/BARCHART FREQ/ ORDER = ANALYSIS.

Frequencies

［数据集 1］C：\ Users \ lenovo \ Desktop \ 成人高校 . sav

Statistics

		年龄	受教育程度
N	Valid	68	68
	Missing	70	70

Frequency Table

年龄

		Frequency	Percent	Valid Percent	Cumulative Percent
Valid	25～29 岁	12	8.7	17.6	17.6
	30～34 岁	16	11.6	23.5	41.2
	35～39 岁	16	11.6	23.5	64.7
	40～44 岁	14	10.1	20.6	85.3
	45～49 岁	7	5.1	10.3	95.6
	50 岁及以上	3	2.2	4.4	100.0
	Total	68	49.3	100.0	
Missing	System	70	50.7		
	Total	138	100.0		

受教育程度

		Frequency	Percent	Valid Percent	Cumulative Percent
Valid	大学本科	5	3.6	7.4	7.4
	硕士研究生	41	29.7	60.3	67.6
	博士研究生	22	15.9	32.4	100.0
	Total	68	49.3	100.0	
Missing	System	70	50.7		
	Total	138	100.0		

Bar Chart

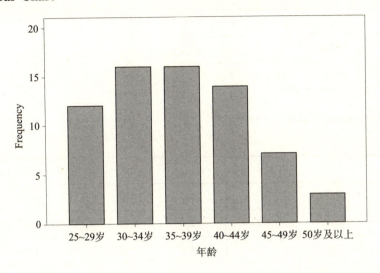

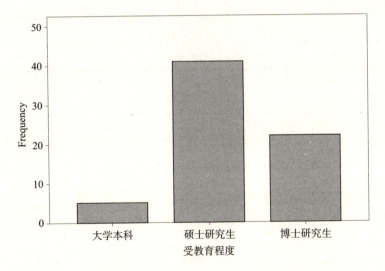

FREQUENCIES VARIABLES = 从事工作 订阅频率/BARCHART FREQ/
ORDER = ANALYSIS.

Frequencies

［数据集 1］C：\ Users \ lenovo \ Desktop \ 成人高校 . sav

Statistics

		从事工作	订阅频率
N	Valid	74	68
	Missing	64	70

Frequency Table

从事工作

		Frequency	Percent	Valid Percent	Cumulative Percent
Valid	科研	5	3.6	6.8	6.8
	教学	40	29.0	54.1	60.8
	管理	29	21.0	39.2	100.0
	Total	74	53.6	100.0	
Missing	System	64	46.4		
	Total	138	100.0		

订阅频率

		Frequency	Percent	Valid Percent	Cumulative Percent
Valid	经常	23	16.7	33.8	33.8
	偶尔	33	23.9	48.5	82.4
	几乎不	12	8.7	17.6	100.0
	Total	68	49.3	100.0	
Missing	System	70	50.7		
	Total	138	100.0		

Bar Chart

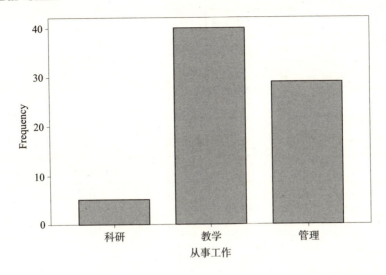

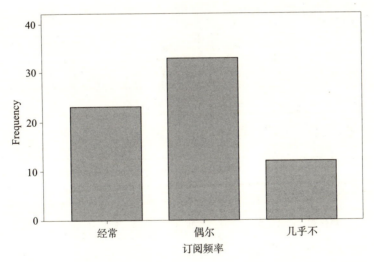

FREQUENCIES VARIABLES = 阅读方式 _ A 学报内容/BARCHART FREQ/ORDER = ANALYSIS.

Frequencies

［数据集 1］C：\ Users \ lenovo \ Desktop \ 成人高校 . sav

Statistics

		阅读方式	学报内容
N	Valid	69	68
	Missing	69	70

Frequency Table

阅读方式

		Frequency	Percent	Valid Percent	Cumulative Percent
Valid	每期都仔细阅读	2	1.4	2.9	2.9
	只浏览内容	11	8.0	15.9	18.8
	只阅读其中感兴趣的论文	52	37.7	75.4	94.2
	基本不看	4	2.9	5.8	100.0
	Total	69	50.0	100.0	
Missing	System	69	50.0		
	Total	138	100.0		

学报内容

		Frequency	Percent	Valid Percent	Cumulative Percent
Valid	是	1	0.7	1.5	1.5
	大部分是	39	28.3	57.4	58.8
	大部分不是	28	20.3	41.2	100.0
	Total	68	49.3	100.0	
Missing	System	70	50.7		
	Total	138	100.0		

Bar Chart

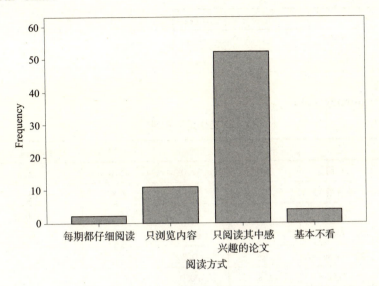

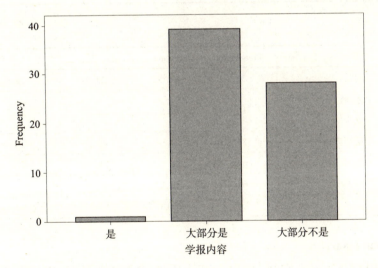

FREQUENCIES VARIABLES = 对工作是否有用 总体内容/BARCHART FREQ/ORDER = ANALYSIS.

Frequencies

［数据集 1］C：\ Users \ lenovo \ Desktop \ 成人高校 . sav

Statistics

		对工作是否有用	总体内容
N	Valid	68	69
	Missing	70	69

Frequency Table

对工作是否有用

		Frequency	Percent	Valid Percent	Cumulative Percent
Valid	有用	51	37.0	75.0	75.0
	受益很大	6	4.3	8.8	83.8
	没有用	11	8.0	16.2	100.0
	Total	68	49.3	100.0	
Missing	System	70	50.7		
	Total	138	100.0		

总体内容

		Frequency	Percent	Valid Percent	Cumulative Percent
Valid	合适	20	14.5	29.0	29.0
	基础理论性的太多	15	10.9	21.7	50.7
	应用方面太少	34	24.6	49.3	100.0
	Total	69	50.0	100.0	
Missing	System	69	50.0		
	Total	138	100.0		

Bar Chart

FREQUENCIES VARIABLES = 印刷质量 编辑质量/BARCHART FREQ/ ORDER = ANALYSIS.

Frequencies

[数据集1] C：\ Users \ lenovo \ Desktop \ 成人高校．sav

Statistics

		印刷质量	编辑质量
N	Valid	68	67
	Missing	70	71

Frequency Table

印刷质量

		Frequency	Percent	Valid Percent	Cumulative Percent
Valid	好	27	19.6	39.7	39.7
	一般	23	16.7	33.8	73.5
	有待提高	14	10.1	20.6	94.1
	差	4	2.9	5.9	100.0
	Total	68	49.3	100.0	
Missing	System	70	50.7		
	Total	138	100.0		

编辑质量

		Frequency	Percent	Valid Percent	Cumulative Percent
Valid	好	5	3.6	7.5	7.5
	一般	40	29.0	59.7	67.2
	有待提高	19	13.8	28.4	95.5
	差	3	2.2	4.5	100.0
	Total	67	48.6	100.0	
Missing	System	71	51.4		
	Total	138	100.0		

Bar Chart

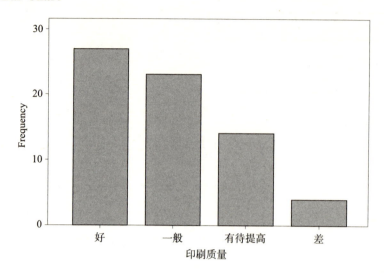

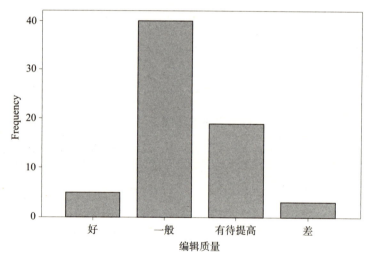

FREQUENCIES VARIABLES = 刊登广告/BARCHART FREQ/ORDER = ANALYSIS.

Frequencies

[数据集1] C：\ Users \ lenovo \ Desktop \ 成人高校 . sav

Statistics

刊登广告

N	Valid	68
	Missing	70

刊登广告

		Frequency	Percent	Valid Percent	Cumulative Percent
Valid	不要登	31	22.5	45.6	45.6
	少量登	36	26.1	52.9	98.5
	多登	1	0.7	1.5	100.0
	Total	68	49.3	100.0	
Missing	System	70	50.7		
	Total	138	100.0		

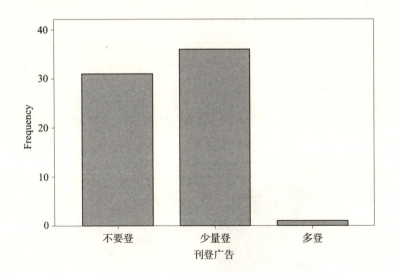

FREQUENCIES VARIABLES = 影响因素/PIECHART FREQ/ORDER = A-NALYSIS.

［数据集 1］C：\ Users \ lenovo \ Desktop \ 成人高校 . sav

Statistics

影响因素

N	Valid	138
	Missing	0

影响因素

		Frequency	Percent	Valid Percent	Cumulative Percent
Valid	期刊的声誉	50	36.2	36.2	36.2
	期刊的广告信息	4	2.9	2.9	39.1
	期刊加入了数据库容易获得文章内容	38	27.5	27.5	66.7
	只关注论文内容，而不关心哪种期刊	33	23.9	23.9	90.6
	首选国外期刊	12	8.7	8.7	99.3
	基本不看国内期刊	1	0.7	0.7	100.0
	Total	138	100.0	100.0	

影响因素

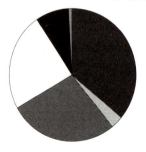

■ 期刊的声誉
■ 期刊的广告信息
■ 期刊加入了数据库容易
　获得文章内容
□ 只关注论文内容，而不关心
　哪种期刊
■ 首选国外期刊
■ 基本不看国内期刊

第二节 学术期刊改革的调查问卷分析

基于目前中国的教育实际，我们的受访对象主要为高校教职工和科研机构及部分图书馆工作人员，其中高校人员占了 87%。在高校教职工中，对重点大学主要受访对象为科研人员和教学人员，普通高校和成人高校则主要集中在教学和管理人员。受访人员年龄集中在 30～45 岁，即此年龄段正处在职业的上升时期和科研能力的旺盛时期。受访人员受教育程度较高，其中重点大学博士研究生占 41.6%，硕士研究生占 40.9%，而在普通高校和成人高校则以硕士研究生占主流，分别为 65.2% 和 60.3%；博士研究生毕业的分别为 28.1% 和 32.4%。这本身符合高校学术期刊的作者群和读者群的特征。作为高校主办的学术期刊的转制工作，根据中央的文件精神是要另行下文的。对于学术期刊的改革是文化体制改革的难点和改革的深水区。因为学术期刊的受众群体较小，终端出口较窄，难与市场对接，所以对学术期刊的改革比较艰难。实际上，早在文化体制改革刚刚启动前后，就有一批学报同仁认识到了作为学术期刊主力军的大学学报，已经跟不上时代发展的步伐，亟须改革，进行了认真反思，并且积极地进行了体制内的自觉改革尝试。

一、关于学术期刊的改革目标

（一）坚守高校学报的功能定位，不能只唯经济利益

大学学报是高校学术期刊最大的群体和代表。问卷调查中在关于"是否订阅大学学报"的选择中，普通高校中选择"是"的占 48.1%，重点高校中选择"是"的占 62.8%，重点高校中选择"是"的占 51.5%，这说明高校学术期刊还是非常受大家欢迎的。在"学术期刊文章是否有用"的选题中，认为"刊登的论文对自己的工作有促进作用"的重点大学为56.9%，普通高校和成人高校分别为 77% 和 75%，选择"收益很大"的则是重点大学为多，占 24.8%，普通高校和成人高校分别为 4.4% 和

8.8%。但是也有相当部分认为"高校学术期刊所刊登的学术文章对工作没有用",重点大学为 18.2%,普通高校和成人高校分别为 18.5% 和 16.2%。通过统计显示,大学学术期刊在高校教职工的工作和学习中作用是非常大的。

面对目前大环境的变化,高校学报必须顺势而为。但是在改革的同时,高校学报绝不能丧失自己的生存根本,必须真正突出学术期刊的本色,必须坚持自己的学术定位,履行好自己使命认真发挥自己的功能。关于高校学报的使命和功能,教育部也规定了高校学术期刊应该着重促进学校的科研活动,促进学校的学术繁荣和各学科的发展,是"以反映学校科研和教学成果为主的学术理论刊物,是开展国内外学术交流的重要园地"。优秀的学术期刊应该把学术性和科学性牢牢地放在第一位。在学术上,高校学术期刊必须要发表高质量的学术论文,通过选题和策划,进行良好的学术导向,鼓励学术争鸣、学术争论和学术批评。所谓学术活动,是围绕某个科学活动进行的相关的学术研究。包括论点、论据、对论点的论证以及相关的调研、实验等,是依据一定的科学目的进行的。不能简单地炒作社会热点,不能把学术期刊的运作简单等同于社会上普通刊物的运作,不能只是为了追求发行量多去吸引"眼球经济"。期刊的灵活运作不能简单理解为有钱就合作,必须遵循学术发展的规律和学术活动自由的原则,使学术期刊真正成为学术交流、繁荣、进步的主要阵地。学术的大众化和通俗化,是不要故弄玄虚、故作深奥,而是尽量接近大众的,深入浅出,用大众接受的方式,表达学术的观点,使大众接受也是学术期刊的目标。但是广大的普通老百姓确实不是广大学报的读者群,高校学报在这方面比较特殊,它的作者和读者群体是重合的,都是跟科研工作相关的人群。所以面对高校学报的特殊定位,不可以随意为了经济利益而变更使命,必须从长远着眼。

(二)履行高校学报的服务功能,不能只唯本校发展

为学校发展服务是所有高校安身立命的根本。因为高校学报都是非独立法人单位,都是依靠学校的经费来办的,编辑部的人员都是学校安排的,学报的发展是学校工作的组成部分。为高校服务是高校学报的责任和

义务。我们可以追溯到 1906 年 6 月东吴大学创办的《学桴》杂志。"桴"字有两个含义：一是渡船，二是鼓槌。这两个意象、比喻，概括了学术期刊的功能和学报编辑的作用。作为"渡船"，学报担负着培养人才的任务，它要发现人才，培养人才。同时，学报又是"鼓槌"，它是一个高层次的学术理论的媒体，引导社会舆论，擂鼓助威，摇旗呐喊。❶ 另外，学报还有一个重要的功能就是为学校师生服务，为学校培养人才。在这次问卷调查中，对于"高校学报的编辑质量如何"这个问题，有超过一半达到近六成的评价为一般。这说明高校学术期刊作为综合性的学术刊物，编辑的水平需要提高，学科背景需要加深。而对于印刷质量的评价相对要好得多，除重点大学首选（46%）一般之外，其他两个都是首选为好，都达到近六成。这说明虽然编辑的水平还有待提高，但是印刷质量已经好很多。"对学术期刊的影响因素"选项中，无一例外，都首选了"期刊的声誉"这一项作为影响学术期刊的首要因素。第二项为"期刊加入了数据库容易获得文章内容"，第三项为"只关注文章内容不关心哪种期刊"，而"期刊的广告信息"则仅排在"基本不看国内期刊"之前，位列倒数第二。

但是时至今日，高校随着高校各类评比标准的制定，职称评聘与晋升、课题结项、考核，研究生毕业等都需要发表论文。虽然官方从来没有有关核心期刊的评定，但是由于这些标准都不同程度地参考了多家期刊评价中心的评价结果，对于核心期刊都有自己的规定，而且一般学校都把自己本校学报定量值（有的系数）低于社科院、中科院、研究所办的专业刊物。很多学报为了提高期刊的转载率、影响因子等影响进入核心期刊的评价因素，已经越来越多地注重从社会科研机构组稿，规定不发研究生稿件，甚至不发表副教授职称以下的稿件。为本校师生服务这项功能有渐行渐远的趋势。如果单纯是为了提高刊物的影响因子、转摘篇目、下载率等这些所谓的评价考核因素，只能把那些有着无限发展空间的年轻学者挡在外边，这也违背了教育部门对高校学术期刊的定位，而使得其无法发挥在国内外学术交流园地的作用，培养人才、发现人才、培养人才的功能更无

---

❶ 陈少峰，陈晓燕．基于数字文化产业发展趋势的商业模式构建［J］．北京联合大学学报（人文社会科学版），2013（2）．

从谈起。高校学术期刊对学术新人的培养作用必须要坚守。编辑可以在组稿时，有意识地把年轻学者的文章与相同研究主题的专家的文章放在一起，起到明显的带动作用。而简单粗暴地规定高级职称以下和研究生的文章一概不发，十分不可取。推出新人、扶持新人是高校学术期刊义不容辞的职责。虽然青年教师、学生初踏学术圈，他们的观点还显稚嫩，论证也不太严谨，但学术期刊应该热情地支持他们，扶持他们，为他们提供平台，使他们能够尽快地成长起来。

按照目前我们对高校的评价标准之一就是，高校所承担的课题、所产出的论文等成果都是非常重要的一个评价标准。课题结项、职称晋升与评定、青年师生的科研成果等都需要发表成果的平台。其实，为学校服务，并非是刊发学校师生的文章越多越好，为学校服务应该是一种更为广义的概念，也就是凡是能够带动学校的科研工作，利于学科发展，对学校学术人才的发展有利的都应纳入为学校服务的范畴。为学校服务不是简单地为"校领导"服务，把领导的讲话、发言按照学术论文来刊发；为学校服务也不是为学校的"某件事""某个机构"（如某个论坛、某个研究机构）服务，应该完全按照刊物的运作规律来办事。一切以论文的学术性和创新性为宗旨，尤其是真正的学术创新性才是目前所缺乏和需要大力倡导的，哪怕学术论文中有星点的学术光芒，编辑都应该能捕捉到，尽量为学术新人提供其适合成长的土壤，使他们尽早脱颖而出。而一些毫无价值的"职称"论文和"学位"论文，只能使高校学术期刊成为"学术垃圾"的制造基地。

（三）坚持办专业期刊，不能唯特色论

在"感兴趣的学报"选题中，重点高校的受访人员，排列顺序为与自己所从事的专业有关的学报（54.1%）、著名大学的学报（25.7%）、有感兴趣栏目的学报（20.3%）；普通高校的受访人员，排列顺序为与自己所从事的专业有关的学报72.2%、著名大学的学报（17.9%）、有感兴趣栏目的学报（9.9%）；成人院校的受访人员，排列顺序为与自己所从事的专业有关的学报（69.6%）、著名大学的学报（20.3%）、有感兴趣栏目的学报（10.1%）。在"阅读方式"选项中，重点高校的受访人员，排列顺序为选择自己感兴趣的文章认真阅读（46.8%）、需要时查阅（28.8%）、每期都翻翻（18.7%）；选择自己感兴趣的文章认真阅读（43.9%）、需要时查阅（43.9%）、每期都翻翻（9.5%）；成人院校的受访人员，选择自己感兴趣的文章认真阅读（46.2%）、需要时查阅（42.3%）、每期都翻翻（9%）；在"影响订阅的因素"选题中，在价格、文章水平、期刊的影响力等方面，79%的受访者选择了所刊发的文章水平。即大家还是认为，大学学术期刊应该与专业更加紧密联系，才能最大可能、最大限度地发挥作用。

期刊的特色、办刊宗旨、办刊理念、办刊定位、主编的视野和能力是决定期刊生存、发展和壮大的关键所在。尤其是"特色"更是一种刊物安身立命的根本。李东东于2009年12月18日在河北考察时也提出了："为进一步发挥高校学报服务学科建设、提升科研水平、促进学术交流的作用，各级新闻出版行政管理部门要深入研究、努力探索新的发展路径。第一，要进一步优化高校期刊结构，鼓励高校期刊向专业化、特色化、品牌化方向发展。……"❶ 前沿的科学研究成果，以强有力的内容吸引读者和作者永远是优秀学术期刊的不二选择。目前的高校学术期刊最被诟病的问题就是"千刊一面""同质化"严重、科科俱到、无个体特色、专业化程度太低。关于这一点，教育部在2002年《关于加强和改进高校哲学社会科学学报工作的意见》中要求：各高校"要转变高校学报的办刊理念，打破传统封闭的办刊模式和千刊一面的局面，鼓励各高校根据自己的实际情况，积极引进新的办刊机制，在管理体制和办刊模式等方面做出有益的探索，不断增强刊物的活力和竞争力，使高校社科学报的工作更加适应新世纪发展的要求"；并从2003年起，启动"名刊工程"，选择了一些学校学术实力雄厚、办刊基础较好的学报进行了大力扶持。希望在3～5年内创出一二十家在国内外有较大影响力的高水平的大刊、名刊，以此带动全国高校学报整体质量的提高，还重点建设了一批名栏，在资金等方面给予了一定的倾斜和支持。但是，我们也应该看到，被评为"教育部名刊"的学报

❶ 新闻出版总署. 高校学术期刊要集约化规模化发展［EB/OL］. 人民网：http：//scitech. people. com. cn/GB/10637176. html. 2011－03－02.

基本上都是部属著名高校，而绝大多数的高校学术期刊是无缘这种奖项的，借此评选出来的基本上都是综合性的高校学报。所以，这种鼓励措施对期刊特色化、专业化并未起到多少积极的作用。

目前我国的大学基本上都是综合性大学，各种学科一应俱全，反映在学术上即是各个学科皆有论文需要发表。专业化的途径不能简单地规定某家学术期刊刊登某个栏目，只有根据学校的定位才能够确定学术期刊的定位。如学校的类型有研究型的、技术型的、职业教育型的等，只有借助这样的分层定位，学术期刊才能更好地确定自己在期刊专业化转变方面的准确定位；否则，一味强调要高校学术期刊改变千刊一面的现状，则显得无处下手。当然，高校学术期刊的上级主管部门是教委，但是刊物的管理属于新闻出版部门，处于这种两难境地的高校学术期刊的运作并非像社会上的期刊那样容易转型和操作，需要多方的协调。主编是刊物"灵魂的工程师"，一种期刊从内容到形式，从封面设计到编排格式，都无不体现着主编的整体意识；同时期刊质量的好坏，读者、作者评价的高低与主编也息息相关，高校学术期刊更是如此。高校学术期刊编辑部一般都是由3~5人组成。主编由学校委任，服从全校调配，期刊的编委会主任一般都是校领导，甚至有的主编是校领导兼任。通常情况下，期刊编辑部在学校的定位是教辅单位，属于事实上的"边缘部门"。在用稿和人事聘用上，在不违反学校相关规定的前提下，主编还需要有较大的自由空间，毕竟刊物的运作跟学校的管理和教学有着根本的不同。主编掌握了一定的决定权，可以聘请相关学科的人员参加，聘请一些学科组、专业人员担任相关学科的编辑，这样做更有利于刊物的良性发展。

（四）紧跟时代发展步伐，在数字化中实现改革的路径选择

在"获取学报的途径"选题中，重点高校的受访人员，排列顺序为选择纸本阅读（42.6%）、期刊网站（39.2%）、商业数据库（15.5%）；普通高校的受访人员，排列顺序为选择纸本阅读（39.9%）、期刊网站（37.8%）、商业数据库（21.6%）；成人高校的受访人员，排列顺序为选择纸本阅读（38.5%）、期刊网站（38.5%）、商业数据库（21.8%）。在"获得期刊电子版的途径"选项中，重点高校的受访人员，排列顺序为数

据库（54.1%）、期刊网站（43.9%）；普通高校的受访人员，排列顺序为数据库（52.1%）、期刊网站（46.5%）；成人高校的受访人员，排列顺序为期刊网站（49.3%）、数据库（48%），也就是说在获取期刊的方式中，利用期刊网站和数据库占据了近99%。可见，数字化在新闻出版领域的应用已日益重要。数字化出版代表着出版业的未来发展方向，这已经成为新闻出版界的共识。

数字化发展已经被新闻出版总署的各位署长柳斌杰、李东东、阎晓宏、孙寿山等在不同的场合多次强调过。2010年1月26日，新闻出版总署副署长李东东到中国学术期刊（光盘版）电子杂志社和同方知网（北京）技术有限公司进行调研，对其在数字出版和数字化服务方面所做出的贡献给予了充分肯定，并提到今后10年我国新闻出版工作要把发展数字出版作为最重要的产业发展战略之一。❶ 期刊业面临的数字化挑战与国外几乎同步。随着互联网普及率的日益提高，无线通信技术及应用快速发展，互联网、广播电视网、电信网三网融合进程不断加快，智能手机、电子书等各类新兴阅读载体纷纷涌现。信息传播载体和技术的变化，与读者阅读习惯、阅读需求的变化相互作用，把期刊业带入了一个更加复杂多变、充满挑战的新环境。不论是主动选择转型，还是被动渐进地演变；不论是内容编辑的数字化，还是广告、发行的数字化，传统期刊都不可避免地与数字出版相关产业捆绑在了一起，作为内容提供方在与渠道运营商、技术服务商等的互动中，推动着数字期刊产业的形成和发展。在这方面非常典型的就是高校学术期刊与中国学术期刊（光盘版）电子杂志社的合作。虽然高校学术期刊作为内容提供商，是整个数字化出版的核心，可是由于清华同方占据了市场的主动和先机，当时高校学术期刊对于数字化技术、网络出版还处于懵懵懂懂的状态，几乎是无任何利润地将自己的产品拱手相让。

无论是重点大学还是普通高校和成人高校，选择偶尔订阅高校学术期刊的均为最多，分别为56.2%、50.4%和48.5%。由此可以看出，虽然他

❶ 王玉梅，李东东. 综合性社会科学报要集约化规模化发展［EB/OL］. 新闻出版总署网站：http：//www. gapp. gov. cn/cms/html/21/1017/200912/695712. html. 2011 -01 -28.

们都把高校学术期刊当作重要的文献信息来源，但是真正的用户却并不多，只是在搜集资料过程中偶尔翻阅者居多。但是通过"学报的获取途径"选项，可以看到，尽管大家承认高校学术期刊的作用，但是大家已经养成了免费读刊的习惯和意识，不愿意自己花钱来订阅。但是，从另一个方面可以看到，网络也已经占据了重要的查询路径，未来将会更加重要。58.7%的普通高校为单位赠阅，排第二位（21%）为网络查询，有57.9%的成人高校为单位赠阅，排第二位（17.1%）为网络查询，48.1%重点大学为单位赠阅，排第二位（26.7%）为网络查询。

高校学术期刊是一个相对庞大和分散的出版团体，目前还没有形成一定程度的集约化和规模化。由于大部分高校学术期刊是综合类的，所刊登的文章涵盖了各学科，所以研究人员和单位订阅者极少。某位专业人员只对期刊中与自己研究内容和方向相关的那个栏目感兴趣，一本学术期刊与研究个体的研究方向相关的文章也许只有一两篇，读者当然就不愿意付费订阅。但是现在各家高校学术期刊编辑部大部分已与中国学术期刊（光盘版）电子杂志社合作，编辑部保持纸质媒体的发行，中国学术期刊（光盘版）电子杂志社，利用其知网平台做网上发行，读者可以在网上下载，选择支付方式，这样可以单篇下载，而且查阅比较方便，尤其是中国学术期刊（光盘版）电子杂志社已开发了知网结等强大的搜索检索功能。目前，各编辑部基本上都与作者签订合同，作者的版权在本刊发表的同时视同也授权在清华光盘版发表，作者稿费由编辑部一并支付。知网再根据刊物的网络下载量支付编辑部一定的费用，以保证合作。这是目前较为普遍的各编辑部采取的网络发行方式。

如果每个编辑部都利用数字化平台搞网络发行，这其实也是一种资源的浪费。作者在查阅资料时，是以类主题或者说以相似内容为搜索对象，而非以某种学术期刊为检索主体；事实上，有的学报编辑部确实可以免费在网上查阅过刊，但是读者的点击率却并不高，这就是主要原因。❶ 其实，可以采用数字和纸质相结合的方式，即期刊编辑部把编辑好了电子版文档，直接交付清华同方（光盘版），这样网络和纸质发行可同时进行。而

---

❶ 周小华. 用数字化实现高校学报的专业化［J］. 编辑之友，2012（6）.

需要书面留存的、报送材料等需要用到纸质的刊物，可以单本或者单篇印刷，这样还能节约成本。在"关于刊登广告"选项中，三类高校人员的选择几乎都在少量刊登和不刊登上。而且选择两者的都达到了98%～99%，可见，高校学术期刊商业性的行为大家还是很难接受的。

在目前已经确定了高校学术期刊的事业编制不变的情况下，这也是一种积极面对市场、联合起来进行期刊变革的不错选择，只是这其中牵扯到主管、主办、新闻管理部门等多方，纸质出版的不确定性也可能带来对刊物评价、管理的各种问题，监管难度会更大，因此必须协调和处理好多方关系，做到责权明晰，才能实现多赢。

二、高校学术期刊的改革展望

因为当时的问卷调查已经过去两年，中央文化体制改革强调内容有所改动，目前面临的数字化的迅猛发展、国际化潮流的推进和大数据的时代特点等形势远比单纯的改制与否复杂、严峻得多。基于此，无论是政策制定者还是高校学报的主管主办单位，以及广大的编辑同仁，都需要积极面对行业整体变化和这种最新的改革形势，重新思考在数字化飞速发展、大数据时代已经到来的趋势下高校学报所应扮演的角色，重新思考高校学报的改革方向和路径选择问题；对于我们原来坚信的关于高校学报应该建立联合体，专业化取代综合性的改革发展方向，以及实现规模化和集约化出版的改革路径❶，需要结合新的形势再思考和再分析。

（一）立足数字化建设，从对高校学报专业化的探索转向文献使用专业化的开拓

1. 对高校学报专业化的探索历程

高校学术期刊，尤其是高校学报的改革话题由来已久。可以说从高校学报大规模发展的20世纪八九十年代，有远见的同行和研究者就开始讨论高校学报的改革发展问题。随着我国科技事业的突飞猛进，学术期刊日益

---

❶　关于高校学报改革方向和路径，是笔者根据新闻出版总署颁布的《关于报刊编辑部体制改革的实施办法》和新闻出版总署领导的在不同场合，对大学学报提出的改革要求等进行的总结描述。

受到重视；随着我国文化体制改革的逐步推进，关于高校学术期刊改革的话题一次次被提起。比较典型的关于高校学报改革的权威论述来自高校的专管部门——教育部。2002 年，时任教育部副部长的袁贵仁提出了关于高校学报改革发展的三种途径：上策为由一个学校牵头，依托全国性各专业委员会、学会，办高校社科学报各专业专刊；中策就是鼓励若干高校社科学报合作，或叫联合，组成联合编委会，进行相对集中的学科专业分工；下策为内涵发展之路。教育部也因此开展了促进高校学术期刊发展的名刊评选活动，旨在促进高校学报的发展，争取资助一批使其成为国内甚至国际上比较著名的学术期刊。新闻出版总署也认为，学术期刊改革就是要进一步优化高校期刊结构，鼓励高校期刊向专业化、特色化和品牌化方向发展。这些是从主管单位自上而下的改革，也收到了一定的效果，但是并没有从根本上改变高校学术期刊，尤其是高校学报在创办之初就存在的一些饱受诟病的综合性和向内性问题。到了 2011 年，更是因为《光明日报》的系列报道，总结了高校学报的"全、散、小、弱"特点，而引起了学术界关于高校学报的功能和实际作用的大讨论。❶ 2011 年 1 月，《清华大学学报》（哲学社会科学版）牵头的 17 家入选教育部"名刊工程"的学报在中国知网的平台上开辟了高校学报的专业化期刊——中国高校系列专业期刊，主要是将这 17 家学报的文章按专题分类上传，成立由各综合性学报组成的联合编辑部，对拟在各综合性学报发表的文章同步进行数字化、专业化编辑，在主要一级学科，联合打造共建共有的、权威的系列专业期刊。经过这几年的发展，到目前已经有 70 余家学报参与。这种数字化期刊订阅省钱方便。数字发行对于某一学科的学术、科研工作者来说，作为随手翻阅的可能更多一些，每一期翻阅一下，发现感兴趣的作者和文章可以下载直接阅读，正好可以弥补数据库鱼龙混杂的不足。实际上这种数字专业化期刊的优势也正是为专业的读者进行了大致的专业定制，体现了专业化的优势。但是对于绝大多数习惯于直接按照主题、关键词等搜集资料的研究

---

❶ 《光明日报》从 2011 年 3 月 27 日起，推出系列报道"高校学报出路何在"，共推出 6 期关于大学学报的作用、功能、存在的问题、改革期许等相关内容的报道，之后，在学术界引起强烈反响，也展开了关于高校学报存在、发展和改革的大讨论。

者来说，作用和意义并不大，因为"中国高校系列专业期刊"毕竟只是一个入口，搜索路径不具有唯一性。所以，这种探索也就应该止于电子期刊为止。编辑部进行实质上的重组合并，拼成几大专业期刊这是一件不太容易的事。

2. 数字化发展使文献使用专业性成为可能

经过重组合并的电子期刊对读者来说确实带来一些方便。但是，学术期刊的读者并不同于以消遣阅读为主的其他消遣类杂志的读者，其更多地是为了科学研究，查找与自己研究科目密切相关的问题，他们通常以主题词的形式到数据库中检索查阅。在非互联网时代，人们查阅资料是靠翻阅、手抄、做卡片等积累。而作为期刊订阅大户的各图书馆、资料室经费有限，所以集中订购专业类期刊，读者查阅资料主题集中，乐于翻阅专业类期刊，因此也产生了图书馆制定的中文核心期刊等，用以指导订阅杂志。目前，各家学报、包括各种专业期刊都作为来源刊被几大数据库收录（最明显的就是中国知网）。在互联网时代，读者查阅资料的方式变了，都是以主题检索的方式来查阅资料，在整个数据库中，只要输入主题检索词，不论是知名教授还是普通科研工作者的文章，不论是发表在核心期刊、专业杂志还是一般学报，只要是数据库中就都能搜索到。

由此也不难看出，虽然高校学报的纸本订阅量少，但是它的传播量并不少，影响力也不低。以目前的主要传播途径——数字化传播来说，一般期刊和专业期刊在传播途径上并无多大不同。其实在长期的实践摸索中，更多的高校学报有意无意地已经避开了关于专业性和综合性的艰难选择，它们借助数字化技术，通过搜索引擎和专业化的期刊平台将内容结构化，读者可以下载或订购有关的单篇文章，实现了使用文献的专业性。这样看来，虽然高校学报的出版形式依然是综合性的，但是在读者使用的过程中，依托数字出版和期刊平台的聚合功能，在客观上达到了文献使用上专业化的效果。这样就要求我们在新的改革形势下能更好地加强数字化建设并不断完善期刊的运行环境。

总之，从事纸质媒体出版的期刊需要转过来用新媒体的思维去思考问题，才能拯救传统出版业和实现转型。❶ 数字化出版和传播解决了长期以来困扰学报界的关于综合性和专业化选择的的难题，超越了简单地将学报专业化的局限，更深层次形成了以读者为中心，以内容为主体，实现了读者使用文献的专业性，为读者提供了全面的、多层次的信息服务平台。❷从对高校学报专业化的探索转向文献使用的专业性，是我们进行高校学报改革的新方向。

（二）立足内容为王，从对内容提供的规模化要求转向信息供应的集约化和定制化

1. 对高校学报集约化、规模化发展的要求

进一步深化高校期刊出版单位改革，鼓励高校期刊集约化、规模化发展，构建学术期刊数字出版平台，创新高校期刊出版体制。要把分散的办刊力量集中起来，实现优势互补、资源共享，同时借鉴国外先进的办刊经验，形成一批开放型、高水平的学术期刊群。❸ 这是国家新闻出版总署对高校学术期刊改革的期许和改革的最终目的。一提到规模化和集约化，大家首先想到的就是合并重组，做大做强。做大容易，但也有无数的例子证实了做大并不一定能做强，强不是简单合并相加就能达到的。

"经济社会文化的发展变革决定着出版业发展的基本路径和整体特征。"❹ 在各种条件尚未成熟时，只是为了组建期刊的"航母"，靠行政力量自上而下组建的集团，貌似强大，实则不然。所以在面对高校学报这个出版能力相对更弱，市场化几乎为零的领域进行改制时，不宜简单地兼并重组。可以换一种思维和角度考虑借助当前形势的发展，和人们阅读方式的变革，以技术为着力点，实现高校学报传播能力的增强和传播效果的推广。在当前条件下，对高校学报的改革，不宜一味地要求内容的规模化，

---

❶ 杨虎，乔东亮. 产业化转型下的日本畅销书出版业发展历程及启示 [J]. 北京联合大学学报（人文社会科学版），2013（1）.

❷ 石朝云，游苏宁. 机遇还是挑战？——科技期刊出版在文化体制改革中的几点思考 [EB/OL]. http://zt.cast.org.cn/n435777/n435799/n1105056/n12644369/12649207.html.

❸ 王振铎，高峻. 编辑创新：出版传播的核心竞争力 [J]. 北京联合大学学报（人文社会科学版），2012（2）.

❹ 吴娜. 非时政类报刊出版单位体制改革攻坚号角已吹响——柳斌杰接受专访 介绍非时政类报刊出版单位体制改革的热点问题 [N]. 光明日报，2011–08–10.

组建高校学报集团不是我们的最终目的，关键是高校学报要加入轰轰烈烈的改革中去，以传播能力的增强和影响力的扩大为办刊第一要义。

2. 信息供应的集约化和定制化

上面谈到的由《清华大学学报》（哲学社会科学版）牵头组织，教育部所评的多家社科学报名刊联合，在中国知网平台发布的几种专业学报是一种实现规模化的数字化的联合方式。但这种方式对于稿件的传播效果和影响力并未加大。因为它所依赖的传播方式和传播途径是网络和数字化，而非刊物的专业与否。文化体制改革进行的这 10 年中，网络发展日新月异，技术飞速发展，我们的学报改革也必须与时俱进。读者阅读方式的变化正在影响着我们的选择，学术期刊必须面对这一问题，不应只盯着编辑部的编制问题、盯着纸媒发行量的日渐减少，还应看到随着国力的增强，科研人员和高校师生的增多，学术期刊潜在的作者和读者不但没有减少，反而大幅上升，只不过由订阅纸刊转向了网络下载，学术期刊由整本发行转向了单篇发行，这也符合今后的发展趋势。在网络化的信息时代，先进的媒介传播技术，将媒介传播的速度、广度、信息的量度、目标的向度、精准度、强力度等都提到前所未有的水平。编辑创作媒介的任务不是更小了，而是更大了。❶ 基于此，高校学报应改变传统的只做内容提供者的角色，而向兼具信息服务商角色的方向努力。在目前的大数据时代，更应强调对数据的分析和利用，随着网络平台交互使用功能的延伸和加强，读者和作者可以进行单篇文章传播途径、传播能力、引用率和影响力的统计分析。目前需要更大的集成果发布、知识传播和学术评价等多功能于一体的，能够按需据实进行学术传播能力和影响力分析的平台出现，借以提升高校学报的水平。建立在平台交互基础上的集约化、规模化切实可行。

3. 高校学报集约化的实现途径

如果高校学报的体制不变，就意味着从业人员的事业编制不变，那么需要激发编辑的积极性，实现信息的集约化和定制化，就可借鉴新闻出版体制改革对新闻出版改革实行采编与经营分离的做法。高校学报的人员和

---

❶ 尹玉吉．中国大学学报现状与改革切入点研究［J］．清华大学学报（哲学社会科学版），2011（4）．

编制保留在高校体制内，实现各高校（学报）出版和发行的集约化和定制化服务。这样各编辑部可以保持目前的状态，关注前沿动态，潜心学术发展；而出版之前的工作都由编辑部完成，印刷、发行、广告交予出版公司，由专业的期刊经营人员来经营。出版公司同时可与编辑部合作，策划和举办学术会议、大奖赛等各种形式的活动，来促进刊物的传播和发行。借鉴目前一些出版社的运作方式，可实行策划编辑和文字编辑分工合作的方式，由策划编辑聘任行业领域有一定组织沟通能力的主要研究人员承担。由出版公司和编辑部主编等共同成立编委会，确定每期的选题方向和主要作者群体。文字编辑人员还是由各高校聘任，以目前的岗位标准，按照目前各编辑部的考核方式对编辑进行考核，人员流动也只能在校内。全公司化的运作对学术期刊的发展会带来什么样的利和弊？一方面通过策划议题、笔会等形式能够取得一批稿件，也利于刊物的发行和传播，但是这种策划的学术文章也可能会背离学术研究的宗旨，充满了浮躁和急功近利的学术风气；另一方面，综合性高校承担很多基础性的研究工作，研究成果也需要发表、交流和传播，这种完全放开的市场化、公司化运作的学术期刊或许会摒弃这类成果的刊发。所以，在采用这种内容与出版分离的方式时，必须统筹考虑，精心安排。也可争取政府或者基金会的支持，主管部门出面协调各方关系、利益，以真正有利于学术交流和发展为最终目的。

顺应潮流，立足实际，坚持数字化的发展，积极探索学术期刊的发展规律和传播规律，是当前形势下高校学报的努力方向。"变革的永远是技术，思想才是最终的引领者。"无论怎样的技术革新，主旨还是编辑要有发现学术价值的眼光，高校学报必须以学术立命，从对作者负责转到对读者、作者和科研事业负责，改变过去那种专业期刊优于高校学报的理念，从对内容提供的规模化要求转向信息供应的集约化和定制化服务。

第三节　改革的顶层设计和逐步推进

学术期刊体制的改革离不开文化体制的改革，文化体制改革是中国学术期刊改革的大背景。中国从来都将发展社会主义文化，建设社会主义精神文明放在社会发展极其重要的地位。随着中国加入 WTO 和中国传媒文化产业日新月异的发展，文化体制改革的必要性也就提上了政府的议事日程。2003 年以来，由规范报刊征订活动肇始，中国报刊业展开了一场"最大力度"的报刊改革，一批报刊被关、停、并、转，直接促进了中国报刊业的结构调整和体制变革。2004 年，中国报刊业延续 2003 年以来的报刊改革思路，并在文化体制改革的大背景下积极推进体制改革，取得了不菲的成绩。截至 2004 年 1 月，"治理党政部门报刊散滥和利用职权发行"工作，取得重要阶段性成果：停办的报纸减少发行约 12 亿份，停办的期刊加上实行免费赠阅的公报政报，减少发行 3.4 亿份，直接减少全国基层和农民年报刊征订费用 18 亿元。2004 年 3—9 月，中央报刊治理办公室分别对 19 个省（区、市）报刊治理情况开展督察，对顶风违纪违规典型予以曝光，深入开展对全国报刊社记者站和内部资料性出版物的清理整顿。2005 年 1 月 10 日，新闻出版总署署长石宗源签发《中华人民共和国新闻出版总署令第 28 号》和《中华人民共和国新闻出版总署令第 29 号》，自 2005 年 3 月 1 日起正式施行。2004 年 4 月 6 日，《中国青年报》刊文称，国家新闻出版总署副署长柳斌杰透露，中央已决定进行出版体制改革，全国现有的 527 家官办出版社，除人民出版社一家保留事业单位的体制外，其他所有出版社都将转型为经营型企业单位。

当时报刊的体制改革并未过深地触及学术期刊的改革，尤其是学报编辑部的体制改革，但是一些社会科学院版的刊物开始探索，收取版面费，合作办刊开始崭露头角。出版社采取更多的是事业单位企业化管理，是自负盈亏的事业单位。有的大学主办的学术期刊放在出版社，出版改革也许是中国传媒产业改革中力度最大、最彻底的改革。出版社方面除了人民出版社外其他出版社均转型为经营型企业单位。在发行方面，新华书店推进股份制改造，总发权全面向民营资本开放，2005 年全行业都跨进改制行列。改制工作遵循的 8 字方针是改企转制、分流上市。改革的步伐一直是在推进的，但是真正的改革是在 2007 年 4 月，按照试点先行、逐步推开的步骤，清华大学出版社等 19 家高校出版社成为高校出版社体制改革的首批转企试点单位。短短一年间，这些出版社重塑市场主体，推动人事、用工、分配"三项制度"改革，坚持了自身的办社宗旨和目标，成为我国出版市场充满活力的一支力量。

2008 年 11 月 24 日，在教育部和新闻出版总署召开的高校出版体制改革工作会议上，北京语言大学、南京大学等 61 所大学出版社被列入第二批高校出版体制改革单位。我国高校出版社体制改革工作进入全面推进阶段。2009 年 3 月 22 日，教育部和新闻出版总署联合下发《关于高等学校出版体制改革工作实施方案》（以下简称《实施方案》），结合高校出版单位的发展实际，对高校出版社体制改革工作予以具体说明和指导。同年 4 月 22 日，高校出版体制改革试点工作会议在京召开，被列入首批试点的"18 + 1"家大学出版社的社长和主管校长，以及中国人民公安大学出版社、中国协和医科大学出版社、南京师范大学出版社的社长到会，并对即将下发的《关于高校出版社体制改革试点工作的若干意见》（以下简称《若干意见》）提出了不少意见和建议。

2010 年底，各高校出版社基本上完成转制。出版行业和任何产业一样，一旦进入市场，必然存在生存竞争、优胜劣汰。不是政府让你退出，而是市场让你退出。2009 年，新闻出版总署开始实行经营性出版社评估制度，把出版社分成四个等级，对最后一个等级的出版社予以淘汰。淘汰的方法：一是交给大型出版集团公司托管。托管期间再评估这个出版社有无生存价值，没有生存价值的就注销。二是对于资不抵债、扭亏无望的出版社，可以自行申请退出。另外，对于有一定市场需求和专业特色的出版社，可以通过国家或者社会注入资本，让它从困境中走出来。总之要适应市场，有进有退，有生有死，这才合乎事物发展的规律。2010 年，随着出版社体制改革的顺利完成，2010 年上半年，开始着手攻克最后的"堡垒"——报刊体制改革。当时，对全国 9000 多种非时政类报刊做了摸底、排队、分类，并提出改革的方案。在转企改制的过程中，起初是把高校学报单独列出的。高校学报学术性期刊的特殊性就在于它是由高校主办，为学校的教学科研服务，学报的特殊性决定了其综合性、对内性和学术性等，注定了其无法参与市场的竞争。高校学报的读者群和作者群是合一的，在目前中国的体制下，人人评职称、学生毕业都需要提交论文，而未必人人都能搞科研，所以说高校学报是作者远远大于读者的市场的情况。

一、国家社科基金对学术期刊的资助

长期以来，我国高校科技期刊在办刊经费存在着一些困难，首先，从办刊经费上看，学术期刊投入经费普遍不足，许多期刊因为稿酬偏低难以吸引优质稿源，也导致匿名审稿制度难以实行，甚至有些期刊离开版面费都难以支撑。其次，办刊模式比较落后，全球组稿能力不强，海外发行能力和经验不足，形不成富有声势的"中国学术声音"。正是由于看到了学术期刊对于推动哲学社会科学繁荣发展具有重要意义，看到了学术期刊在发展中遇到的问题和困难，看到了学术期刊能够在引导学风上发挥重要作用，国家社科基金于 2012 年开展了学术期刊资助工作。[1]

为了进一步发挥国家社科基金的示范和引导作用，推动期刊资助管理规范化和制度化，全国哲学社会科学规划办公室于 2012 年 6 月 12 日制定并发布了《国家社科基金学术期刊资助管理办法（暂行）》。

国家社科基金期刊资助的宗旨是：通过有重点、持续性的资助，促进我国学术期刊改善办刊条件，提高办刊质量，扩大学术传播力和社会影响力。国家社科基金期刊资助的对象，主要是学术水平较高或者专业和地域特色突出、具有国内统一连续出版物号、公开发行的哲学社会科学学术期刊。国家社科基金期刊资助坚持公开、公平、公正，突出学术质量和同行评价。并且规定获得资助的期刊须与全国哲学社会科学规划办公室签订资助协议，认真履行相关义务。

对所资助期刊的要求如下：必须坚持以马克思主义为指导，坚持正确的办刊方向，遵守国家有关法律、法规和规章。必须严格遵守学术规范和编辑出版规范，认真执行国家有关编校质量的规定。应加强编辑队伍建设，主编在相关领域具有较大的学术影响力。严格执行匿名审稿制度。不得以任何名义收取版面费。所资助期刊需不断提高学术水平和办刊质量，努力建设成为国际知名或国内一流的学术期刊。

另外，获得资助的期刊须在封面显著位置标注"国家社科基金资助期

---

　　[1]　刘倩，罗浩. 全国社科规划办负责人就学术期刊资助答记者问 [N]. 中国社会科学报，2013 - 09 - 23.

刊"字样。须将每期刊登论文的电子版，及时提交全国哲学社会科学规划办公室资助的"国家哲学社会科学学术期刊数据库"。

每种期刊每年获得资助40万元。年度考核优秀或者经费缺口确实较大的，可适当奖励或增加10~20万元。资助经费总体上适用国家社科基金项目经费管理办法，专款专用、单独核算，不得用于人员工资和其他开支。可用于稿费、审稿费、翻译费、学术会议费、编辑培训费、相关管理费等。同时还规定主办单位不得同时削减获得资助期刊的原有办刊经费。

全国哲学社会科学规划办公室对获得资助的期刊实施动态管理、定期考核。年度考核合格者，拨付下一年度资助经费；年度考核不合格者，停拨经费，限期整改；年度考核连续两年不合格，或有严重违规行为者，撤销资助。考核采取抽查和自查相结合、同行专家评议和定量指标评估相结合的方式。

2011年11月，全国哲学社会科学规划办公室率先公布了第一批被资助的学术期刊100家。名单如表3-1所示。可以看到，所资助主要是各省社科院和社科联系统的综合性学术期刊、大学学报和大学主办的专业期刊。第一批100种学术期刊中，综合类23种，大学学报15种。其中经济学期刊13种，法学5种，教育学5种，语言学4种，艺术学3种，中国历史3种，马列·社科3种，民族问题研究3种，中国文学2种，图情文献2种，管理学2种，外国文学2种，体育学2种，政治学2种，人口学2种；新闻传播1种，考古学1种，社会学1种，世界历史1种，宗教学1种，哲学1种，党史·党建1种。各大学主办的期刊共有37种，除15种大学学报外还有22种专业期刊。在百家资助期刊中，高校主办的占37%。

表3-1　国家社科基金第一批资助学术期刊目录（按学科分类）

编号	期刊名称	所属地区（部门）	所在学科	主办单位
12QKA007	东南学术	福建	综合类	福建省社科联
12QKA008	东岳论丛	山东	综合类	山东社科院
12QKA018	国外社会科学	中国社科院	综合类	中国社科院信息情报研究院
12QKA019	河北学刊	河北	综合类	河北省社科院
12QKA022	江海学刊	江苏	综合类	江苏省社科院

续表

编号	期刊名称	所属地区（部门）	所在学科	主办单位
12QKA023	江汉论坛	湖北	综合类	湖北省社科院
12QKA024	江苏社会科学	江苏	综合类	江苏省社科联
12QKA032	经济社会体制比较	中央国家机关	综合类	中央编译局 世界发展战略研究部
12QKA047	人文杂志	陕西	综合类	陕西省社科院
12QKA048	社会科学	上海	综合类	上海社科院
12QKA049	社会科学辑刊	辽宁	综合类	辽宁省社科院
12QKA050	社会科学研究	四川	综合类	四川省社科院
12QKA051	社会科学战线	吉林	综合类	吉林省社科院
12QKA061	天府新论	四川	综合类	四川省社科联
12QKA062	天津社会科学	天津	综合类	天津社科院
12QKA074	学术界	安徽	综合类	安徽省社科联
12QKA075	学术研究	广东	综合类	广东省社科联
12QKA076	学术月刊	上海	综合类	上海市社科联
12QKA077	学习与探索	黑龙江	综合类	黑龙江省社科院
12QKA082	浙江社会科学	浙江	综合类	浙江省社科联
12QKA083	浙江学刊	浙江	综合类	浙江省社科院
12QKA087	中共中央党校学报	中央国家机关	综合类	中共中央党校
12QKA093	中国社会科学	中国社科院	综合类	中国社科院 中国社会科学杂志社
12QKA002	北京大学学报 （哲学社会科学版）	教育部	大学学报	北京大学
12QKA003	北京师范大学学报 （社会科学版）	教育部	大学学报	北京师范大学
12QKA011	复旦学报 （社会科学版）	上海	大学学报	复旦大学
12QKA020	华中师范大学学报	湖北	大学学报	华中师范大学
12QKA021	吉林大学社会科学学报	吉林	大学学报	吉林大学
12QKA038	旅游学刊	北京	大学学报	北京联合大学

续表

编号	期刊名称	所属地区（部门）	所在学科	主办单位
12QKA042	南京大学学报	江苏	大学学报	南京大学
12QKA044	南开学报（哲学社会科学版）	天津	大学学报	南开大学
12QKA045	清华大学学报（哲学社会科学版）	教育部	大学学报	清华大学
12QKA059	四川大学学报（哲学社会科学版）	四川	大学学报	四川大学
12QKA067	文史哲	山东	大学学报	山东大学
12QKA071	武汉大学学报（哲学社会科学版）	湖北	大学学报	武汉大学
12QKA081	浙江大学学报（人文社会科学版）	浙江	大学学报	浙江大学
12QKA092	中国人民大学学报	教育部	大学学报	中国人民大学
12QKA097	中山大学学报（社会科学版）	广东	大学学报	中山大学
12QKA005	财贸经济	中国社科院	经济学	中国社科院财政与贸易经济研究所
12QKA012	改革	重庆	经济学	重庆社科院
12QKA016	国际贸易问题	教育部	经济学	对外经济贸易大学
12QKA027	金融研究	中央国家机关	经济学	中国金融学会
12QKA030	经济科学	教育部	经济学	北京大学
12QKA031	经济理论与经济管理	教育部	经济学	中国人民大学
12QKA033	经济研究	中国社科院	经济学	中国社科院经济研究所
12QKA036	会计研究	中央国家机关	经济学	中国会计学会
12QKA043	南开经济研究	天津	经济学	南开大学
12QKA054	世界经济	中国社科院	经济学	中国社科院世界经济与政治研究所

续表

编号	期刊名称	所属地区（部门）	所在学科	主办单位
12QKA058	数量经济技术经济研究	中国社科院	经济学	中国社科院数量经济与技术经济研究所
12QKA089	中国工业经济	中国社科院	经济学	中国社科院工业经济研究所
12QKA090	中国农村经济	中国社科院	经济学	中国社科院农村发展研究所
12QKA009	法学	上海	法学	华东政法大学
12QKA010	法学研究	中国社科院	法学	中国社科院法学研究所
12QKA084	政法论坛	教育部	法学	中国政法大学
12QKA088	中国法学	中央国家机关	法学	中国法学会
12QKA098	中外法学	教育部	法学	北京大学
12QKA001	北京大学教育评论	教育规划办	教育学	北京大学
12QKA004	比较教育研究	教育规划办	教育学	北京师范大学
12QKA013	高等教育研究	教育规划办	教育学	华中科技大学中国高等教育学会
12QKA026	教育研究	教育规划办	教育学	中国教育科学研究院
12QKA035	课程·教材·教法	教育规划办	教育学	人民教育出版社
12QKA065	外国语（上海外国语大学学报）	上海	语言学	上海外国语大学
12QKA066	外语教学与研究	教育部	语言学	北京外国语大学
12QKA079	语言科学	江苏	语言学	江苏师范大学
12QKA096	中国语文	中国社科院	语言学	中国社科院语言研究所
12QKA070	文艺研究	艺术规划办	艺术学	中国艺术研究院
12QKA078	音乐研究	艺术规划办	艺术学	人民音乐出版社有限公司
12QKA100	中央音乐学院学报	艺术规划办	艺术学	中央音乐学院
12QKA028	近代史研究	中国社科院	中国历史	中国社科院近代史研究所

续表

编号	期刊名称	所属地区（部门）	所在学科	主办单位
12QKA037	历史研究	中国社科院	中国历史	中国社科院 中国社会科学杂志社
12QKA053	史学月刊	河南	中国历史	河南大学
12QKA025	教学与研究	教育部	马列·科社	中国人民大学
12QKA039	马克思主义研究	中国社科院	马列·科社	中国社科院 马克思主义研究院
12QKA040	马克思主义与现实	中央国家机关	马列·科社	中央编译局 马克思主义研究部
12QKA015	广西民族研究	广西	民族问题研究	广西民族问题研究中心
12QKA041	民族研究	中国社科院	民族问题研究	中国社科院 民族学与人类研究所
12QKA099	中央民族大学学报（哲学社会科学版）	教育部	民族问题研究	中央民族大学
12QKA068	文学评论	中国社科院	中国文学	中国社科院 文学研究所
12QKA069	文艺理论研究	上海	中国文学	中国文艺理论学会 华东师范大学
12QKA055	世界经济与政治	中国社科院	国际问题研究	中国社科院 世界经济与政治研究所
12QKA073	现代国际关系	中央国家机关	国际问题研究	中国现代国际关系研究院
12QKA006	大学图书馆学报	教育部	图情文献	北京大学
12QKA094	中国图书馆学报	中央国家机关	图情文献	中国图书馆学会 国家图书馆
12QKA014	管理世界	中央国家机关	管理学	国务院发展研究中心
12QKA029	经济管理	中国社科院	管理学	中国社科院 工业经济研究所
12QKA063	外国文学评论	中国社科院	外国文学	中国社科院 外国文学研究所
12QKA064	外国文学研究	湖北	外国文学	华中师范大学

续表

编号	期刊名称	所属地区（部门）	所在学科	主办单位
12QKA060	体育与科学	江苏	体育学	江苏省体育科学研究所
12QKA072	武汉体育学院学报	湖北	体育学	武汉体育学院
12QKA085	政治学研究	中国社科院	政治学	中国社科院 政治学研究所
12QKA095	中国行政管理	中央国家机关	政治学	中国行政管理学会
12QKA046	人口研究	教育部	人口学	中国人民大学
12QKA091	中国人口科学	中国社科院	人口学	中国社科院 人口与劳动经济研究所
12QKA017	国际新闻界	教育部	新闻与传播	中国人民大学
12QKA034	考古	中国社科院	考古学	中国社科院 考古研究所
12QKA052	社会学研究	中国社科院	社会学	中国社科院 社会研究所
12QKA056	世界历史	中国社科院	世界历史	中国社科院 世界历史研究所
12QKA057	世界宗教研究	中国社科院	宗教学	中国社科院 世界宗教研究所
12QKA080	哲学研究	中国社科院	哲学	中国社科院 哲学研究所
12QKA086	中共党史研究	中央国家机关	党史·党建	中共中央党史研究室

2012 年 6 月，全国哲学社会科学规划办公室又推出了第二批资助的学术期刊共 100 种，期刊结构类型与第一批相同，除了综合类、大学学报这两大类刊物较多外，还兼顾到了各个学科以及地区分布。其中综合类 15 种，大学学报 16 种，经济学 8 种，哲学 5 种，考古学 4 种，中国文学 4 种，教育学 3 种，马列·社科 3 种，语言学 3 种，法学 3 种，民族问题研究 3 种，新闻传播 3 种，政治 3 种，艺术学 2 种，管理学 2 种，人口学 2 种，外国文学 2 种、体育学 2 种，图情文献 2 种，党史党建 1 种，社会学 1 种，统计学 1 种，宗教学 1 种。各大学主办的专业期刊 50 种，除去 16 种大学学报外，还有专业期刊 34 种，其中包含大学与研究机构合办的专业期

刊。在百家资助期刊中，高校主办的占50%。见表3－2。

表3－2　国家社科基金第二批资助学术期刊目录（按学科分类）

编号	期刊名称	所属单位（部门）	所在学科	主办单位
12QKB001	北京社会科学	北京	综合类	北京市社会科学院
12QKB017	高校理论战线	中央国家机关	综合类	教育部高等学校社会科学发展研究中心
12QKB019	广东社会科学	广东	综合类	广东省社会科学院
12QKB021	贵州社会科学	贵州	综合类	贵州省社会科学院
12QKB032	江西社会科学	江西	综合类	江西省社会科学院
12QKB046	内蒙古社会科学	内蒙古	综合类	内蒙古社会科学院
12QKB048	南京社会科学	江苏	综合类	南京市社会科学界联合会、南京市社会科学院
12QKB050	宁夏社会科学	宁夏	综合类	宁夏社科院
12QKB053	青海社会科学	青海	综合类	青海省社会科学院
12QKB057	求索	湖南	综合类	湖南省社会科学院
12QKB061	山东社会科学	山东	综合类	山东省社科联
12QKB068	思想战线	云南	综合类	云南大学
12QKB070	探索与争鸣	上海	综合类	上海市社会科学界联合会
12QKB086	学海	江苏	综合类	江苏省社会科学院
12QKB098	中州学刊	河南	综合类	河南省社会科学院
12QKB011	东北师大学报（哲学社会科学版）	吉林	大学学报	东北师范大学
12QKB027	河北大学学报（哲学社会科学版）	河北	大学学报	河北大学
12QKB029	湖北大学学报	湖北	大学学报	湖北大学
12QKB030	湖南师范大学社会科学学报	湖南	大学学报	湖南师范大学
12QKB031	华东师范大学学报（哲学社会科学版）	上海	大学学报	华东师范大学
12QKB040	兰州大学学报	甘肃	大学学报	兰州大学
12QKB047	南京农业大学学报（社会科学版）	江苏	大学学报	南京农业大学

续表

编号	期刊名称	所属单位（部门）	所在学科	主办单位
12QKB052	齐鲁学刊	山东	大学学报	曲阜师范大学
12QKB056	求是学刊	黑龙江	大学学报	黑龙江大学
12QKB060	山东大学学报（哲学社会科学版）	山东	大学学报	山东大学
12QKB062	山西大学学报（哲学社会科学版）	山西	大学学报	山西大学
12QKB063	陕西师范大学学报（哲学社会科学版）	陕西	大学学报	陕西师范大学
12QKB069	四川师范大学学报（社会科学版）	四川	大学学报	四川师范大学
12QKB078	西藏大学学报（社会科学版）	西藏	大学学报	西藏大学
12QKB080	厦门大学学报（哲学社会科学版）	福建	大学学报	厦门大学
12QKB084	新疆师范大学学报（汉文哲学社会科学版）	新疆	大学学报	新疆师范大学
12QKB003	财经问题研究	辽宁	经济学	东北财经大学
12QKB004	财经研究	上海	经济学	上海财经大学
12QKB022	国际金融研究	中央国家机关	经济学	中国国际金融学会
12QKB023	国际贸易	中央国家机关	经济学	中国商务出版社
12QKB034	经济评论	湖北	经济学	武汉大学
12QKB035	经济学家	四川	经济学	西南财经大学
12QKB066	审计研究	中央国家机关	经济学	中国审计学会
12QKB092	中国经济史研究	中国社科院	经济学	经济研究所
12QKB007	当代中国史研究	中国社科院	中国历史	当代中国研究所
12QKB055	清史研究	教育部	中国历史	中国人民大学
12QKB079	西域研究	新疆	中国历史	新疆社会科学院
12QKB088	殷都学刊	河南	中国历史	安阳师范学院
12QKB090	中国边疆史地研究	中国社科院	中国历史	中国边疆史地研究中心
12QKB094	中国史研究	中国社科院	中国历史	历史研究所

续表

编号	期刊名称	所属单位（部门）	所在学科	主办单位
12QKB012	东北亚论坛	吉林	国际问题研究	吉林大学
12QKB024	国际问题研究	中央国家机关	国际问题研究	中国国际问题研究所
12QKB042	美国研究	中国社科院	国际问题研究	美国研究所
12QKB051	欧洲研究	中国社科院	国际问题研究	欧洲研究所
12QKB074	外交评论	教育部	国际问题研究	外交学院
12QKB010	道德与文明	天津	哲学	中国伦理学会 天津社会科学院
12QKB038	科学技术哲学研究	山西	哲学	山西大学山西省自然辩证法研究会
12QKB041	伦理学研究	湖南	哲学	湖南师范大学
12QKB089	哲学动态	中国社科院	哲学	哲学研究所
12QKB099	周易研究	山东	哲学	山东大学
12QKB013	敦煌研究	甘肃	考古学	敦煌研究院
12QKB036	考古学报	中国社科院	考古学	考古研究所
12QKB037	考古与文物	陕西	考古学	陕西省考古研究院
12QKB075	文物	中央国家机关	考古学	文物出版社
12QKB028	红楼梦学刊	中央国家机关	中国文学	中国艺术研究院
12QKB043	民族文学研究	中国社科院	中国文学	民族文学研究所
12QKB076	文学遗产	中国社科院	中国文学	文学研究所
12QKB097	中国现代文学研究丛刊	中央国家机关	中国文学	中国现代文学馆
12QKB033	教育与经济	教育规划办	教育学	全国教育经济学研究会 华中师范大学
12QKB054	清华大学教育研究	教育规划办	教育学	清华大学
12QKB083	心理科学	教育规划办	教育学	中国心理学会
12QKB039	科学社会主义	中央国家机关	马列科社	中国科学社会主义学会
12QKB065	社会主义研究	湖北	马列科社	华中师范大学
12QKB095	中国特色社会主义研究	北京	马列科社	北京市社科联
12QKB016	方言	中国社科院	语言学	语言研究所
12QKB045	民族语文	中国社科院	语言学	民族学与人类研究所
12QKB067	世界汉语教学	教育部	语言学	北京语言大学

续表

编号	期刊名称	所属单位（部门）	所在学科	主办单位
12QKB014	法学家	教育部	法学	中国人民大学
12QKB015	法制与社会发展	吉林	法学	吉林大学
12QKB082	现代法学	重庆	法学	西南政法大学
12QKB020	广西民族大学学报（哲学社会科学版）	广西	民族问题研究	广西民族大学
12QKB077	西北民族研究	甘肃	民族问题研究	西北民族大学
12QKB091	中国藏学	中央国家机关	民族问题研究	中国藏学研究中心
12QKB081	现代传播	教育部	新闻学与传播学	中国传媒大学
12QKB085	新闻与传播研究	中国社科院	新闻学与传播学	新闻与传播研究所
12QKB096	中国图书评论	中央国家机关	新闻学与传播学	中国图书评论学会
12QKB006	当代亚太	中国社科院	政治学	亚太与全球战略研究院
12QKB025	国际政治研究	教育部	政治学	北京大学
12QKB093	中国青年研究	中央国家机关	政治学	中国青少年研究中心
12QKB044	民族艺术	艺术规划办	艺术学	广西壮族自治区民族文化艺术研究院
12QKB087	音乐艺术	艺术规划办	艺术学	上海音乐学院
12QKB018	管理科学	黑龙江	管理学	哈尔滨工业大学
12QKB049	南开管理评论	天津	管理学	南开大学
12QKB058	人口学刊	吉林	人口学	吉林大学
12QKB059	人口与经济	北京	人口学	首都经济贸易大学
12QKB002	北京体育大学学报	教育部	体育学	北京体育大学
12QKB071	体育科学	中央国家机关	体育学	中国体育科学学会
12QKB005	当代外国文学	江苏	外国文学	南京大学
12QKB026	国外文学	教育部	外国文学	北京大学
12QKB009	档案学通讯	教育部	图情文献	中国人民大学
12QKB073	图书情报知识	湖北	图情文献	武汉大学
12QKB008	党的文献	中央国家机关	党史党建	中共中央文献研究室
12QKB064	社会	上海	社会学	上海大学
12QKB072	统计研究	中央国家机关	统计学	中国统计学会
12QKB100	宗教学研究	四川	宗教学	四川大学

2013 年全国哲学社会科学规划办公室通过书面检查和个别走访等形式，开展了国家社科基金资助学术期刊 2013 年度的考核工作。总的来看，资助一年来成效显著。绝大多数期刊都或多或少地推出了新的办刊举措。200 家被资助期刊杜绝了版面费现象，绝大多数期刊都严格执行匿名审稿制度，发挥了很好的学风引导作用。一大批期刊围绕党和政府工作大局组织稿件，聚焦重大理论和现实问题，并积极为国家社科基金《成果要报》供稿。其中有 135 种期刊提高了稿酬标准，89 种期刊提高了审稿费标准，93 种期刊新设了栏目，160 种期刊组织召开了相关的学术研讨会，119 种期刊开展了编辑业务培训，102 种期刊推进了数字化和网络化建设，97 种期刊改善了装订和封面、版式设计。不少期刊的学术水平和影响力都明显提升。

就转载情况看，《华中师范大学学报》2012 年第 3 期—2013 年第 3 期"三大文摘"摘转率达到 43%，《现代国际关系》2013 年上半年在人大复印报刊资料的转载量即超过 2012 年全年。

根据考核情况，特别是各期刊受资助后的措施和成效，划定优秀、良好、合格、不合格四个等级。经过考核和评定，共 23 种期刊考核"优秀"，2013 年度资助经费增加 10 万元；167 种期刊考核"良好"；6 种期刊考核"合格"；《求索》《江西社会科学》《科学技术哲学研究》《山西大学学报》4 种期刊因收取版面费或经费使用存在严重问题，考核"不合格"，停拨经费，追回已拨剩余经费，限期整改。

全国哲学社会科学规划办公室对所资助学术期刊的 2014 年度考核通报显示，一年来所资助的学术期刊没有出现政治导向问题，杜绝了版面费现象，许多期刊问题意识较强，积极服务党和国家工作大局，不少期刊学术水平和影响力明显提升，较好地发挥了学术引领作用。但是考核中也发现一些问题：一是个别期刊经费使用不合理，有的甚至有违规使用现象；二是一些期刊办刊情况乏善可陈，鲜有新的办刊举措；三是刊发论文一般性成果多，原创性成果少，论文整体质量有待进一步提高。

2014 年度考核 34 种期刊为"优秀"，资助经费 60 万元；139 种期刊为"良好"，资助经费 50 万元；22 种期刊为"合格"，资助经费 40 万元；1 种期刊为"不合格"，暂停资助，责令其整改。

2015 年度考核 177 种期刊为"优良",资助经费 50 万元;13 种期刊为"合格",资助经费 40 万元;4 种期刊为"不合格",暂不拨款,并限期整改。另外,还有 2 种期刊因迟迟未提交考核材料,不予考核。❶

该资助实施三年以来,200 种被资助的期刊中,共有 4 种被停刊,5 种期刊被限期整改,有两家未交审核材料而没有参加考核。

由此不难看出,这些被资助期刊普遍成长良好。固然是因为从约 2800 种社科类学术期刊中挑选出的这 200 种予以资助的期刊是"优中之优"。但毋庸置疑的是,国家社科基金资助学术期刊工作开展以来,社科界的评价都是正面的、积极的,普遍认为资助很有必要,也很及时,抓住了期刊发展的关键,是近年来国家社科基金的一个创新性举措,对于推动学术期刊提高办刊水平具有非常重要的意义。很多期刊主编反映,国家社科基金的资助对于学术期刊是一场"及时雨",可谓"雪中送炭",以前受经费制约,很多事情想都不敢想,现在可以做更多事情了。尤其是资助的 200 种期刊率先杜绝版面费现象,这在社科界发挥了很好的示范和引导作用。❷

二、关于报刊编辑部体制改革

正当大家为社科期刊被资助和重视而欣喜的同时,高校学术期刊的直接主管机构新闻出版总署却于 2012 年 7 月 30 日,突然颁布了《关于报刊编辑部体制改革的实施办法》(以下简称《实施办法》),使得各编辑部措手不及。该实施办法明确提出了适用于所有经新闻出版总署批准从事报刊出版活动、获得国内统一连续出版物号、但不具有独立法人资格的报刊编辑部。也就是说,所有的大学学术期刊也都在此改革之列。尽管大家一直以来就认为大学学术期刊应改革,但是真到这种编辑部取消的政策来到,各个编辑部都确实感到了切肤之痛。至此,大家担心也好,希望也好,学报的改革毋庸置疑还是回到了改革的起点,毫无悬念的还是转企,原以为的学术性期刊的"保护伞"还是太小了,只给了国家重点扶持的极少数专业期刊。

---

❶ 全国哲学社会科学规划办公室. 国家社科基金资助学术期刊 2015 年度考核通报 [EB/OL]. http://ex. cssn. cn/zx/yw/201511/t20151118_ 2703585. shtml.

❷ 刘倩、罗浩. 全国社科规划办负责人就学术期刊资助答记者问 [N]. 中国社会科学报, 2013 - 09 - 23.

三、报刊编辑部体制改革的指导思想和原则要求

报刊编辑部体制改革要求必须按照中央有关报刊出版单位体制改革的总体部署和要求，与调整报刊业结构、转变报刊业发展方式相结合，与实现报刊业集约化经营、培育大型报刊传媒集团相结合，与推动传统报刊业向数字化、网络化现代传媒业转型相结合，与建立健全报刊准入和退出机制、科学配置报刊资源相结合。通过改革，解放和发展报刊生产力，破解报刊业"小、散、滥"的结构性弊端，实现报刊业转型和升级，推动报刊业又好又快发展，增强报刊出版传播能力。

实施办法要求原则上不再保留科技期刊和学术期刊编辑部体制，一律转为企业。对于高等学校主管主办的学报编辑部，并入本校新闻出版传媒企业；对于本校没有新闻出版传媒企业但具备建立期刊出版企业条件的学报编辑部，经新闻出版总署批准，可转为期刊出版企业；对于本校没有新闻出版传媒企业且不能转为期刊出版企业的学报编辑部，经新闻出版总署批准，以相同相近的专业和学科为基础，并入其他新闻出版传媒企业或专业性期刊出版传媒集团公司。对于无法转企的，建立由科研部门分别编辑、出版企业统一出版发行的运行模式，依托大型新闻出版传媒集团公司搭建学术出版经营平台。

总结文件精神就是关于非法人的报刊编辑部需要适时关、停、并、转，对于本部门、本单位没有新闻出版传媒企业、其主管主办的报刊编辑部有3个（含3个）以上的，经新闻出版总署批准，可合并建立1家报刊出版企业；主管主办报刊编辑部不够3个的，并入其他新闻出版传媒企业。用于指导工作、面向本系统发行的报刊，一律改为内部资料性出版物，仅限于在本部门、本系统内部交流，对于不适用上述改革办法的报刊编辑部予以停办，具备转为报刊出版企业条件的报刊编辑部，经新闻出版总署批准，可转为报刊出版企业。鼓励和支持党报党刊出版单位和大型新闻出版传媒集团公司对报刊编辑部进行整合，形成大型综合性或专业性报刊出版传媒集团公司。

四、报刊编辑部体制改革的实施办法

文件要求原则上不再保留报刊编辑部体制。对现有报刊编辑部，区别不同情况实施不同改革办法。应转企改制的报刊出版单位所属的报刊编辑部，一律随隶属单位进行转企改制。党政部门、民主党派、人民团体、行业协会、社会团体、事业单位和国有企业主管主办的报刊编辑部，并入本部门、本单位新闻出版传媒企业；本部门、本单位没有新闻出版传媒企业、其主管主办的报刊编辑部有3个（含3个）以上的，经新闻出版总署批准，可合并建立1家报刊出版企业；主管主办报刊编辑部不够3个的，并入其他新闻出版传媒企业。

对于党政部门、民主党派、人民团体、行业协会、社会团体、事业单位和国有企业主管主办的用于指导工作、面向本系统发行的报刊，一律改为内部资料性出版物，仅限于在本部门、本系统内部交流，不得征订发行，不得刊登广告，不得拉赞助和开展经营性活动。对于不适用上述改革办法的报刊编辑部予以停办，对违法违规出版情节严重的报刊编辑部予以撤销。对停办和撤销的报刊编辑部，由新闻出版总署注销其报刊出版许可证。此外，对于极少数有符合国家规定的主管主办单位、有符合国家规定资格条件的专职采编人员、有固定办公场所、有法定资金来源，全国发行量较大，经营状况良好，能够承担法律规定的责任和义务，具备转为报刊出版企业条件的报刊编辑部，经新闻出版总署批准，可转为报刊出版企业。

鼓励和支持党报党刊出版单位和大型新闻出版传媒集团公司对报刊编辑部进行整合，鼓励和支持以党报党刊的子报子刊、实力雄厚的行业性报刊出版企业为"龙头"对报刊编辑部进行整合，形成大型综合性或专业性报刊出版传媒集团公司。

五、科技期刊和学术期刊编辑部体制改革的实施办法

科研部门和高等学校主管主办的科技期刊和学术期刊，是报刊业的重要组成部分。科技期刊和学术期刊编辑部体制改革要根据科技期刊和学术期刊的实际和特点，本着突出重点、打造品牌、整合资源、加强保障的原

则实施改革。原则上不再保留科技期刊和学术期刊编辑部体制。现有科技期刊和学术期刊编辑部均并入新闻出版传媒企业；对其中具备建立报刊出版企业条件的，经新闻出版总署批准，可转为期刊出版企业。主管主办多种科技期刊和学术期刊编辑部的科研部门和高等学校，经新闻出版总署批准，可对所主管的科技期刊和学术期刊编辑部实行整体转企改制，组建专业性期刊出版传媒集团公司。

对于高等学校主管主办的学报编辑部，并入本校新闻出版传媒企业；对于本校没有新闻出版传媒企业但具备建立期刊出版企业条件的学报编辑部，经新闻出版总署批准，可转为期刊出版企业；对于本校没有新闻出版传媒企业且不能转为期刊出版企业的学报编辑部，经新闻出版总署批准，以相同相近的专业和学科为基础，并入其他新闻出版传媒企业或专业性期刊出版传媒集团公司。

对于科研部门主要承担专业学术领域工作指导、情况交流任务的期刊和高等学校校报，一律改为内部资料性出版物。对于在国家基础学科和前沿学科中具有领先水平、能代表国家学术水准，并入新闻出版传媒企业或转为期刊出版企业条件不成熟的重点科技期刊和学术期刊编辑部，可暂时保留，但要建立由科研部门分别编辑、出版企业统一出版发行的运行模式，依托大型新闻出版传媒集团公司搭建学术出版经营平台。

六、报刊编辑部体制改革的政策保障

国家有关非时政类报刊出版单位体制改革的各项政策适用于所有报刊编辑部体制改革。鼓励中央各部门、各单位和各地区结合实际，研究制定支持和扶持报刊编辑部体制改革的各项配套政策。

积极争取国家各种基金对学术期刊的支持，将国家基础学科和前沿学科的重点科技期刊和学术期刊纳入国家自然科学、社会科学和出版基金资助范围；积极争取中央和地方财政通过安排文化产业发展专项资金、宣传文化发展专项资金等渠道，对重点科技期刊和学术期刊出版单位予以扶持；积极争取支持重点科技期刊和学术期刊发展的财税优惠政策。通过建立国家级学术水平及学术标准的评价体系、构建国家重点科技期刊和学术期刊数字化平台、实施国家重点科技期刊和学术期刊品牌工程等措施，加大对重点科技期刊和学术期刊支持力度。

严格按照国家有关政策和法规规范报刊编辑部体制改革工作。加强和完善报刊编辑部转为报刊出版企业后的主管主办制度，探索建立主管主办管理体制和出资人管理体制有机衔接的工作机制；严格主管主办单位职责，要求主管主办单位切实担负起管导向、管干部、管资产的任务。按照国家有关规定，在报刊编辑部转制或合并建立报刊出版企业中，不得有非公有资本进入。

报刊编辑部停办和撤销的，按照谁主管、谁负责的原则，由主管主办单位负责做好人员安置、资产处置和债权债务处理工作。制定专门的人员分流安置办法，采取多种渠道进行安置，并优先考虑在本部门、本单位内部进行安置；经协商一致自谋职业的，由主管主办单位依照国家有关规定兑现经济合同、接续社会保险关系。

七、报刊编辑部体制改革的组织领导

报刊编辑部体制改革涉及面广，情况复杂，政策性强。中央各部门各单位和各地区要切实加强对报刊编辑部体制改革工作的组织领导，周密部署，精心组织，抓好落实，依照本通知积极稳妥地推进改革。

中央各部门、各单位报刊编辑部体制改革工作，在非时政类报刊出版单位体制改革工作联席会议和新闻出版总署的组织协调下进行；各省、自治区、直辖市报刊编辑部体制改革工作，在各省、自治区、直辖市文化体制改革和发展工作领导小组和新闻出版局的组织协调下进行。报刊编辑部的主管主办单位具体负责所属报刊编辑部体制改革工作的组织实施。在实施改革过程中，要认真做好政治思想工作，切实解决好各种具体问题。要始终掌握对主要干部的任免权、重大事项的决策权和报刊内容的终审权，确保正确导向和持续发展。要切实维护职工的合法权益，充分调动职工参与改革的积极性和主动性。严禁在体制改革中转移和私分财物。

中央各部门、各单位所属报刊编辑部体制改革方案，通过其主管单位向非时政类报刊出版单位体制改革工作联席会议办公室报送，非时政类报刊出版单位体制改革工作联席会议办公室对所报方案予以审核和批复。各省、自治区、直辖市报刊编辑部体制改革方案，由各省、自治区、直辖市文化体制改革和发展工作领导小组办公室和新闻出版局分别向中央文化体制改革和发展工作领导小组办公室和新闻出版总署报送，经新闻出版总署审核并征求中央文化体制改革和发展工作领导小组办公室意见后，由中央文化体制改革和发展工作领导小组办公室和新闻出版总署分别予以批复。

中央各部门、各单位主管主办在各地区的报刊编辑部体制改革方案，在协商一致的基础上，由中央各部门、各单位或地方按照上述程序报送。

该《实施办法》公布以后，在高校期刊出版界掀起了轩然大波，针对高校学术期刊转企问题，一时间各种争论、各种质疑声充斥了期刊界，截止到 2012 年年底短短半年的时间，据知网统计，关于编辑部体制改革方面的研究论文就公开发表了五六十篇，《编辑学报》《科技与出版》《编辑之友》《出版发行研究》《中国科技期刊研究》以及《清华大学学报（哲学社会科学版）》一批直接受其影响最深的大学学报等针对此都开办专栏进行发声，一时间学报编辑部感到危机重重，高校期刊出版界的知名专家，如赵大良、朱剑、仲伟民、陈颖等纷纷撰文，对实施办法质疑、解析、批驳；《西安交通大学学报》的赵大良编审还开了博客，吸引了一批学者、编辑的互动讨论。最终在一片质疑、批驳声中，《实施办法》中的"转企"没有了下文，具体的实施办法及其配套措施并未出炉，文件就此搁置。关于基金资助的问题，哲学社会科学期刊被资助的期刊至今也还是那两批被历年考核合格的 200 种期刊。

第四节　学术期刊的自我革新和探索

一、高校学报的专业性与综合性分析

高校学报的传播内容本身就具有学术性和专业性，体现出学校的办学特色和专业特色，为学校的学科建设和教学科研服务，依托学校现有的学科专业设置栏目，发表该学科的学术研究文章，就成为多家高校学报的办刊模式。因此，有观点认为，我国高校学报"千刊一面"没有特色，如果面临任何的体制改革，让高校学报脱离高校，实行转企改制，那么高校学报就将发生生存危机。

针对这种观点，我们认为，我国高校学报是一种特殊的学术期刊，它由高校主办。学报编辑部也是高校的学术机构之一，多年来已成为高校建设发展的一个重要组成部分。高校学报基本上形成了由学校出资，定期出版，形成一校一刊（或一校多刊）的格局。高校的需求本身就是高校学报生存和发展的基础，没有必要人为地强行将高校学报从高校中剥离出来。从这个角度看，绝大部分的高校学报目前还不存在"生存危机"。而对于高校学报来说，也不能因此就安于现状，它毕竟是传播媒体，必须跟上时代发展的步伐，融入中国报刊改革发展的大潮中；否则，它就没有生存的必要。高校学报必须要有新的思路和办法，围绕逐步实现中国报刊"专、特、大、强"的目标，更好地为高校的学科建设和教学科研服务。同时也要体现本校的办学特色，促进教学和科研的发展，充分发挥它的"窗口"作用。

（一）高校学报专业性与综合性的两难选择

高校是由不同学科（专业）组成的，高校多学科的性质，决定了依附于高校的学报其天然的综合性；而从传播媒体的性质看，专业性学报又更符合传播规律；但是在中国，每所高校的刊号是有限的，一般是一校一刊、一校两刊，部分大学或多校合并后的大学有一校多刊。因此，每所高校不能根据本校的学科需求而分别申请创办相关的专业性期刊，而要在有限的学报数量内，承载更多学科的内容。所以，作为高校教学与科研成果的载体、反映众多不同学科（专业）学术成果的高校学报，可以说从创刊之日起，就面临着专业性和综合性的两难选择。

根据不同类别期刊的不同特点，目前中国期刊的细分格局正逐步成形，期刊市场的细分化程度也日益提高，高校学报作为中国期刊的一个庞大群体，既有一般传媒的共性特征，也有其不同于一般传媒的个性特征，其学术性和专业性的传播内容决定了高校学报的受众范围。专业性学报相对于综合性学报来说，能更好地尊重学科规律，体现学校的学科优势，更有利于组织和开展各种学术交流活动，也更有利于专业人士的阅读、收集和保存，有利于开发广告客户，或得到专业单位的资助，同时专业性也是学报进入国际检索的"捷径"之一，有利于提升学报的被引频次和影响因子，有利于编辑学者化。

但不论专业性学报有多少优势，我们都不提倡所有的高校学报都办成专业性的学术期刊，专业性的办刊模式也不可能适应所有的高校学报。高校各学报之间也存在着极大的差异性。就中国高校的类别来说，有综合类、理工类、医药类、师范类、培训类等。这些都或多或少地影响着学报本身的差别❶。由中国高校主办的专业性学报，在整个高校学报系统中所占的比重还很小。到目前为止，大部分综合性大学主办的学报大部分为综合性学报，这类综合性学报居我国高校学报的主体地位；专业性大学大部分依据其专业特色办专业性学报、同一类型的专业性大学共同办的专业性学报，这类学报居我国高校专业性学报的主体地位；此外，还有综合性大学依据部分优势学科办的专业性学报或多版本学报、多所综合性大学的同一学科联合主办的专业性学报等，这类专业性学报的数量极其有限。高校学报的专业性问题，一直处在艰难的探索之中。我们必须正视高校学报之间的差别，体现学校的办学特色和学科优势，进一步细分和优化高校学报结构。

我们提倡高校学报的专业性发展，但是，也不宜对综合性和专业性学报进行简单的比长论短，如果一味地提倡高校学报的专业性，就目前来说是不现实的。其一，中国的高校学报对高校的依附性，决定了它是以高校办刊为主，承载着大量学术成果推出的功能，高校的综合性或专业性，又部分决定了学报的综合性或专业性；其二，在我国目前的报刊管理体制下，稀缺的刊号资源就不能得以保证，这样，可能形成部分学科的专业多而另一部分的更为稀少，学科间成果产出的出版平衡有可能被打破；其三，我们设想，如果众多的高校学报都办专业性期刊，又缺乏高质量的专业稿源作支撑，那么学报的总体质量也同样不能得以保证，新的"众刊一面"的现象可能在专业性学报上重演。❷

（二）高校学报能否实现"熊掌与鱼兼得"

伴随着改革开放的进程，高校学报本身在学科领域的结构分布也在不断优化。当然，我们不可能不切实际地要求高校学报像其他形式的媒体一

---

❶ 钱畅. 高校学报改革的认识误区［J］. 编辑学刊，2005（4）.

❷ 胡政平. 综合类人文社会科学期刊发展问题研究［J］. 甘肃社会科学，2006（5）.

样有广大的受众，但高校学报也不能因此而无所作为地维持"千刊一面"的同质化现状。而进一步细分和优化高校学报的结构，走专业化的发展方向，就成了多年来高校学报界着力探索与尝试的方向。就目前高校学报的综合性和专业性来说，大多数学报都是依据学校的办学特点做出的选择。抛开其专业性大学中的专业性学报不说，综合性大学大多数有综合性学报，而其专业化则体现在栏目和篇目中，同时综合性大学中也有专业性学报，它们大多是依据学校的优势学科优势发展起来的。在这细化的过程中，大学学报的层次也逐渐被细化了：有一小部分优秀的学报以自身的实力，进入了教育部的名刊工程和中国期刊方阵，分别获得了"双效"期刊、"双百"期刊、"双奖"期刊、"双高"期刊等。

　　大部分大学学报，被收录进了国际六大检索系统，进入了国内核心期刊，成为我国学报界的佼佼者。这之中，专业性学报占了绝大多数，而综合性学报可以说是凤毛麟角。但不能回避的是，大学学报中的大部分是重点大学的学报。其出身名门，有着天然的优势，它们所在的大部分学校，或本身就是专业性大学，或是综合性大学，但它们都拥有多种学报，有比较充足的刊号资源去办专业性期刊，并且无论是办专业性的期刊还是综合性的学报，优质的稿源都集中到那里。这类期刊是学报界的"宠儿"，但它们也同样面临中国优质稿件向国外流失的问题，也始终在为保持并提高自身的实力而不断努力着。

　　有的学报则艰难地行走在专业化和特色化之间，这一般是部分重点大学和普通大学办的学报，这类学报大多是"一校一刊"或"一校两刊"中的期刊，学校对学报的支持力度比较大，它们积极与国际接轨，争取进入相关检索和核心期刊。当然，它们很难有实力跻身于"名刊工程"和中国期刊方阵。如果它们尝试办专业期刊，则面临刊号资源的限制、办刊宗旨、办刊方针、学科定位、读者对象定位、市场定位、专业稿源、专业编辑等问题，并且这些要素是期刊风格连续性与稳定性的根本保证。它们之中的大部分，就在专业性和综合性选择之中，走了一条中间路线，即花大气力办出特色，通过培育品牌栏目，主动向名家约稿，通过实行"栏目主持人"制度、双向匿名审稿制等举措提高稿件质量，积极参加学术交流，积极实现学报数字化出版，以此提高学报的综合学术质量。这类学报往往有部分出色的栏目，有的学报也因此得到了业界同人的认可，获得了一些奖项。但这类学报办刊的难度是显而易见的，特别是在中国科学界，优秀论文普遍首选投向国外期刊，因此留给中国高校期刊的优质稿件的数量就减少了很多；稿件投向的第二选择是专业性的核心期刊；第三选择是综合性的核心期刊；第四选择是普通专业期刊……由此看来，对这类学报来说，要刊登优质的文章，还要保持持续不断地、尽可能多地刊登优质文章，难度就可想而知了，只要稍有松懈，学报质量就会很快滑坡；如果遇到任何体制性的变化，如体制改革或学校不予以支持等，学报的生存和发展都会受到影响。

也有的高校学报，多年来始终坚守1998年教育部发布的《高校学报管理办法》提出的："高等学校学报是高等学校主办的，以反映本校科研和教学成果为主的学术理论刊物"，它们坚守"反映本校科研和教学成果"的功能，以发表校内的科研产出文章为主。但就校内的文章来说，如果学校是一般的院校，学报又是普通期刊，那么本校科研产出的优质稿件本来就不多，部分优质的稿件又依次投向了国外期刊、国内核心期刊或其他专业性期刊等，而留给本校学报稿件的可选择面就更小了，它们只有降低发文质量以保证出版周期。当然也不乏一些高校学报，它们对稿件采取"等米下锅"的态度，对学术交流也缺乏应有的态度，对校内的稿件不加选择，对收版面费的文章来者不拒，有的甚至出现"稿荒"，连出版周期都不能保证，从而使得论文刊载过程把关不严，"学术垃圾"也就乘虚而入了。这类学报，无论是办专业性期刊还是办综合性期刊，都会逐渐被社会、业界和所在学校边缘化掉。

（三）路径选择：数字化打破了综合性和专业性学报的边界

如何逐步实现中国报刊"专、特、大、强"的目标，教育部、新闻出版总署也对高校学报有新的要求，全国高校自然科学学报研究会、全国高校文科学报研究会等相关机构，都在这方面进行了积极的探索，也曾提出过对高校期刊进行集团化经营的思路。但客观地看，在短期内，类似方案还受各种条件的限制而无法实现。在专业性和综合性的选择上，目前高校学报除了现有的专业性学报外，有的仍然保持着综合性学报的做法不变，但更加突出学报的专业特色和栏目特色；有的则走向了另一种专业化：专门刊登跨学科界限的综合性的研究成果，成为真正意义上的综合类学术期刊；有的依然保持综合类学术期刊的架构，而在内容上用极大的篇幅，突出该学报的优势学科或专业领域，甚至是突出研究某一专门问题；❶有的综合性学报正在改版，拟办成专业性学报，正在或大步或小步地进行调整，稳步过渡到专业性学报。更多的学报则绕开了专业性和综合性的选择，在数字化建设上下大功夫。学术期刊数字化、虚拟化已经成为网络上很普遍的存在。在我国，学术期刊等出版单位主要通过两种途径实现数字出版。

一是加入大型期刊网站，主要加入的是"中国学术期刊网""万方数据库"和"中文科技期刊数据库"等大型期刊网站。这些网站超大的信息量和每年上亿篇的下载量，充分显示着学术期刊数字出版的力量。通过对这种大型的期刊网站的搜索，读者能很方便地从本学科和自身需要出发，通过搜索将内容结构化，从而打破了传统学术期刊尤其是综合性学术期刊的局限，能够更好地满足细分人群的个性化需求，从而创造出更多的市场需求。同时由于通过在线传输而大大降低了成本，创造出远远高于纸质期刊的利润空间，产生了新的利润源。这种数字出版的方式，要求掌握足够多的专业期刊，建立足够大的专业数据库，才有可能满足不同专业客户的个性化需求，进而获得相应的收入。

二是学术期刊等出版单位独立建立属于自己的网站，或是利用大型期刊网站提供的模板建立具有自主版权的主页。互联网上大量的学术期刊网站、网页、链接等使得学术期刊的编辑出版模式发生了相应的变化。由此可见，我国学术期刊网络化已达到了相当的规模，学术期刊的网络化既方便了读者、研究者使用，其管理手段的网络化，也更加规范和简化了学术期刊编辑出版单位的工作程序，比传统的管理模式更加灵活和高效。从以上分析我们看到，数字化传播扩展了学术期刊刊载的内容，延伸了出版的形式，丰富了传播的空间，改变着传统学术期刊的生产方式和消费观念❷。

---

❶　肖草. 编辑思想的自觉与综合类学术期刊的发展——第五届全国综合类人文社会科学期刊高层论坛综述 [J]. 江西社会科学，2005（11）.

❷　周小华. 中国学术期刊的数字化问题探讨 [J]. 理论学刊，2009（4）.

数字化出版打破了传统高校学报所谓综合性和专业性的界限，无论综合性或专业性学报所刊登的内容，读者都可以从自己所需要的内容出发，通过搜索将内容结构化，下载或订购有关的单篇文章，实现了读者使用文献的专业性要求❶。

综上所述，无论是专业性学报还是综合性学报，都必须正视高校学报之间的差别，并且要有自己的发展方向和编辑思想。即要依据学校的办学特色和学科优势，发挥自身的比较优势，利用新媒体技术，整合自身资源，找准自己的定位和着力点，使各学报的特色更为突出，风格更为独特。以此不断拓展新的生存空间，寻找一条可持续的、适合自身发展的办刊之路。

二、关于高校学术期刊的改革探索

（一）关于"专业化"的探索

学报走专业化道路，一直被认为是解决学报"综合性"问题的根本和最佳路线。早在 2002 年教育部部长袁贵仁就提出了高校社科学报改革的三个可行路径，即"上、中、下三策"。简单地说，上策就是办高校社科学报各专业专刊；中策是鼓励若干高校社科学报合作，组成联合编委会，进行相对集中的学科专业分工；下策是走内涵发展的道路。❷ 这里的上策就是指走专业化之路，办专业化期刊。随着报刊体制改革的推进，时任新闻出版总署副署长李东东也明确提出了高校期刊改革的路径，鼓励高校期刊向专业化、特色化、品牌化、集约化、规模化方向发展。❸

高校学报基本都是综合性的，怎么转变为专业期刊？正如《清华大学学报》常务副主编仲伟民所言："大学都是综合性的，办哪种专业刊，不办哪种专业刊，无法取舍，利益无法平衡"，"各大学之间因为门户之见，

❶ 冯虹，周小华. 中国高校学报如何面对数字化传播新趋势［J］. 北京联合大学学报（自然科学版），2010（1）.

❷ 袁贵仁. 新世纪新阶段高校社科学报的形势和任务——在全国高校社科学报工作研讨会上的讲话［J］. 北京大学学报（哲学社会科学版），2002（6）.

❸ 王玉梅，李东东. 高校学术期刊要集约化规模化发展［EB/OL］. http：//www. chinaxwcb. com/index/2009－12/22/content_ 186100. htm［2009－12－22］.

由某一所大学来办专业刊是很难行得通的"。❶ 也只有《清华大学学报（哲学社会科学版）》明确表示侧重文史类的，但同时也不得不兼顾其他学科。所以直到 2011 年前高校期刊"专业化"的问题一直处在理论探讨阶段。2010 年，《南京大学学报》执行主编朱剑在《清华大学学报（哲学社会科学版）》第 5 期上刊发了一篇长文《高校学报的专业化转型与集约化、数字化发展——以教育部名刊工程建设为中心》，引起诸多学人的关注，提出了专业化转型的可行性方案。2011 年 2 月，20 家教育部"名刊工程"的学报主编在清华大学召开会议，就高校学报专业化发展方案进行了具体的论证并形成了一致意见：成立联合编辑部，对纸本综合性学报拟发表的文章进行同步数字化、专业化重组，在主要一级学科联合打造"中国高校系列的专业期刊"，通过中国知网进行传播。中国高校系列专业期刊的出现正是应了袁贵仁部长的"上策"，也为高校学报在专业化道路上迈出了重要的一步。2011 年 3 月，"中国高校系列专业期刊"在中国知网平台正式运行，在知网首页有专门的入口，可进行仿纸本的全本阅读和进行各种检索。此系列专业期刊有：《马克思主义学报》《文学学报》《哲学学报》《历史学报》《政治学报》《经济学报》《法学学报》《社会学报》《教育学报》《传播学报》。期刊的封面和版式设计统一，前期编辑工作由联合编辑部完成，后期由专业技术人员制作完成。系列专业期刊所有文章均来自各大学综合性学报（被教育部评为名刊的这 20 余家学报），两者相依共存，各展其长：在论文组合上，分别以综合性和专业性见长；在出版载体上，分别以纸本和数字版为主；在出版时间上，两者基本同步。

据介绍，经过一段时间的运行，系列专业期刊的点击率和下载量都取得了不错的成绩，效果良好。从目前来说，这也是唯一比较可行的、专业化、集约化、数字化的方案，无疑为高校学报的发展开辟了一条新路，也是把学报由"全、散、小、弱"做到"专、特、大、强"的一条近路。但是参与系列专业期刊的毕竟只有 20 余家，相对来说，而且所有参与学报都是被教育部评为"名刊"的学报，大量的其余层次参差不齐的高校学报怎

---

❶ 中国高校系列专业期刊联合编辑部. 敬致读者［EB/OL］. http：//www. sju. cnki. net/sju/info. html. 2013 - 04 - 28.

么实现联合办刊呢？它们联合起来出版的刊物是否也可以叫"中国高校系列的专业期刊"呢？同理，这样下去，中国高校系列的专业期刊也会同时出现几本哲学学报、几本社会学学报——这好像又回到了改革的起点。出现了定位相同、结构相同、同质化等一系列问题。如果全国千余家学报都加入了这个"中国高校系列专业期刊"队伍，势必不能以目前的编辑出版方式进行下去，必须增加对论文进行二次加工的人员和编辑量，学科分类势必也会更细更多，包括栏目都会存在同样的问题，这就要求必须有一个很好的统领单位（或者部门），来协调各高校之间的关系；或者建立一个综合性的高校学报出版平台，所有的责任编辑在平台注册，并进行责任编辑、栏目管理，实行严格的审稿专家制度。这个平台怎么建立和运行？是归在学报学会、新闻出版管理部门还是教育部门呢？这些问题都必须得到很好的解决，才能实现高校学报的转型成功。

目前的高校学术期刊的编辑都是隶属于高校的一个部门，编辑人员是高校的员工，在竞岗聘任中，他们与其他高校管理人员一样可以在校内自由流动，其待遇和职称等都是跟本校其他员工一致的，与其编辑的刊物并无多大关系。如果延续目前的体制不变，各编辑还是隶属于本校，只是所从事的工作从本校学报变成了中国高校系列专业期刊，这样就面临着同一本刊物、不同编辑之间的待遇因为所属高校的不同而会有很大的差距，这样做势必影响到编辑人员办刊的热情和积极性，同时员工的管理考核也会比较困难。或者规定每所高校或几所高校根据自己的优势承办一种专业刊物，这样似乎打破了原来的格局，可是这样做也不利于竞争，又回到了计划经济时代的分配制。每本刊物编辑都认为，这个专业的刊物，高校只此一家或几家，办刊压力很小，缺乏竞争，不是改革的方向。只有各学报编辑部都从本单位剥离出来汇归一处，组建期刊社，这样才具有可行性。但是实际操作起来在管理上也会有很多困难，例如，牵头单位怎么选，是选择行业协会还是政府出面，还是依托于某大学、学术单位，这样还需要重新界定各学报与科研院所刊物的定位和发展方向，细分受众群体。

（二）关于"特色化"的探索

到目前为止，全国1300多种学报中能够参与专业化改革的是非常有限的，更多的学报关注的是特色化发展，即结合本校的定位、优势学科、地域特色、历史传统等来确定自己的特长，进行特色经营，这是相对于专业化学报来说更容易走也更容易凸显成果的改革之路。在谈到改革创新时，袁贵仁部长曾表示："对于近千份的高校社科学报来说，都要树立一个特色化的发展理念，相当一部分刊物要走特色化的发展道路。"● 无论是中国高校社科学报学会还是自然科学学报学会的评优活动也都把刊物特色当成一项重要指标，全国社科学报研究会和北京市的研究会都有特色栏目评选活动，教育部科学技术司也已委托中国高等学校自然科学学报研究会举办了三届"中国高校特色科技期刊奖"评比活动，这些都对高校学报的特色化发展起到极大的促进作用。

其实关于刊物特色，应该是"并非仅限于选题，在选题以外，期刊的编辑意识、整体策划、专栏设计、学科优势、研究方法、行文风格等诸多方面""特色就是个性，唯有个性才能展现一个期刊的生命力"。● 对于作为高层次的学术理论刊物的学报来说，这种特色的寻找和把握确实不易，只有特色栏目的创办和发展才是特色化发展的一条捷径。而且特色栏目相对彰显整本期刊的特色来说，则更为简单易行，高校学报在这方面可谓发展到了极致。基本上每种学报都有自己的特色栏目，而且都办得有声有色。有的依托本校重点建设学科，有的依托当地的地域特色，各学报编辑部都加大了对其特色栏目的建设力度，教育部和学报研究会也都进行了评比和推进工作。目前除了名刊外，办得较有影响的综合性社科学报也大多是在这方面做得较为理想的。如：《湖南大学学报》的"岳麓书院研究"栏目、《内蒙古大学学报》的"蒙古学研究"栏目、《北京联合大学学报》的"北京学研究"栏目等。正如中国人文社科学报学会会长龙协涛所讲的："有些高校是普通学校，有些学报是普通学报，但它们的某一两个栏目却办得极不普通，形成了鲜明的文化个性和特色，引起国内学术界乃至国际学术界的强烈关注。这是培育期刊品牌的可喜开端，是打破'千刊一

● 袁贵仁. 新世纪新阶段高校社科学报的形势和任务——在全国高校社科学报工作研讨会上的讲话 [J]. 北京大学学报（哲学社会科学版），2002（6）.

❷ 计亚男. 面对新媒体快速发展——学报怎么办？[N]. 光明日报，2011－07－29.

· 135 ·

面'僵局而凸显独特的'这一个'的生长点，是有望在期刊之林中实现'万绿丛中一点红'效应的必由之路。"❶ 在第二批进入"名刊工程"的学报当中，有一家非常小的学报《广西民族学院学报》，就是靠打造优势栏目"人类学研究"之后进入国家期刊奖，进入教育部"高校名栏建设工程"，最后进入教育部第二批高校名刊工程的。也有的通过共同的特色，联合办专栏，共同征稿、审稿的。比如，像《南京大学学报》与《南开大学学报》共同打造的"当代西方研究"栏目，《华东师范大学学报》与厦门大学和《求实学刊》共同推出的"现代性研究"专栏。

（三）关于"数字化出版"的探索

数字化出版是这次期刊改革的题中应有之义。随着全球化数字出版浪潮的到来，纸质出版发行及广告收入等主渠道萎缩，使得出版的业务形态和结构都发生了巨大变化。高校学报要想持续发展，就必须参与数字化新型出版业态。如：建设大型专业数据库；开发和建设数字化编辑和出版平台；建立现代化物流和电子商务渠道等。❷ 高校学报的数字化始于 20 世纪90 年代，当时的高校学报对数字化期刊知之不多。虽然高校学术期刊作为原始数据（内容）提供商是整个数字化出版的核心，可是由于清华同方知网等几大数据运营商占据了市场的主动和先机，迫使高校学术期刊几乎是无任何利润地把自己的产品（期刊原始内容）拱手相让。直至目前，各大学学报编辑部大部分与中国学术期刊电子杂志社（清华同方知网）合作，编辑部保持纸质媒体的发行，中国学术期刊电子杂志社利用知网平台做网上发行，读者可以选择支付方式在网上下载期刊论文。平台开发了知网结等强大的搜索检索功能，读者查阅比较方便，实现了单篇购买。而且，在对作者的版权支付方面，各编辑部都与作者签订合同，即作者的版权在本刊发表的同时视同也授权在清华光盘版发表，作者的稿酬由编辑部一并支付。知网再根据刊物的网络下载量支付编辑部一定的费用，以保证合作。这是目前各编辑部所采取的较为普遍的网络发行方式。

---

❶ 龙协涛. 学报的核心期刊与特色栏目［J］. 云梦学刊，2004（2）.

❷ 陈少峰，陈晓燕. 基于数字文化产业发展趋势的商业模式构建［J］. 北京联合大学学报（人文社会科学版），2013（2）.

如果说之前各学报编辑部参与数字化出版都是懵懂的、被动的，但对于即将到来的期刊体制改革，高校学术期刊的这种数字化出版的探索绝不能、也绝不会再消极地等待下去了。目前各高校学报编辑部都加强自身建设，普遍建有自己的网上投稿系统，可以实现网上投稿、网上专家匿名评审论文等。随着体制改革的到来，学报编辑部应该更进一步地探索电子化期刊的制作和发行问题，同时还应充分重视知识产权问题，为编辑部和论文作者从数据商那里争取到应得的利益。

可以实现编辑和出版的分离，编辑部可把编辑好了的电子版文档直接交付数据运营商，网络和纸质发行同时进行。当然，如果需要书面留存或报送材料用等，可以单本或者单篇印刷，这样还能节约成本。只是这又牵扯到主管、主办和新闻管理部门等多方，纸质出版的不确定性也可能带来对刊物评价、管理的各种问题，监管难度会更大。因此，必须协调和处理好多方关系，做到责权明晰，才能实现多赢，具体方式还需进一步探索。

（四）关于"体制改革"的探索

出版和管理体制的改革是时下进行的期刊改革的关键和根本所在。原来的体制下基本上就是一所大学一种学报，后来随着高校的合并与发展，有的学校有几种甚至十几种期刊，组成了期刊社。主管都是教育主管部门，年检是在新闻出版部门，主办是本校。这是基本格局和体制。

高校学术期刊在体制方面的改革主要就是要把学报编辑部或者期刊社，放在大学出版社进行管理。如：湘潭大学、浙江大学已经做了这方面的探索等。这种模式在非高校出版社中比较常见。出版社虽然于2010年年底整体改制才刚刚完成，但是大多数出版社早已经是以事业单位、企业化的管理的方式存在，而学报编辑部归大学出版社管理，符合管理体制改革的要求，有的也取得了好的效果。如：《浙江大学学报》并入浙江大学出版社后在管理方式发生了重大变化。它们抓住时机，参与了数字化改革，推出了学报的网刊、双向匿名审稿制、远程投稿平台、手机报和微博等，如今它们的影响力较之原来有了很大的提升。❶ 高校学报编辑部一直以来

---

❶ 石朝云，游苏宁. 机遇还是挑战？——科技期刊出版在文化体制改革中的几点思考［EB/OL］. http：//zt. cast. org. cn/n435777/n435799/n1105056/n12644369/12649207. html.

重视的就是编辑出版，鲜有发行、策划、创意方面的人才，这样正好与出版社的人才可以实现互补。

从这次文化体制改革的总体要求来看，高校学报编辑部并入出版社是必然的。期刊出版本身就具有经济和意识形态的双重属性，这次改革就是要充分释放原来被忽略的经济属性。但是对于广大的综合类学报尤其是文科类学报来说，其意识形态属性较强，在强调改企的同时，必须重视大学学报作为"高层次学术理论刊物，是展示高校学术水平的重要窗口，是开展国内外学术交流的重要桥梁，是发现培养学术人才的重要园地"这些功能的发挥。大学学报对体制改革的大胆探索对政策制订出台及其贯彻执行都有着重要的参考意义。

第五节　中国台湾地区学术期刊的发展借鉴

一、推动期刊专业化发展

"期刊专业化"一直是大陆高校人文社科综合性学报改革的热点话题，这一话题虽然谈论了很多年，但一直没有办法很好地加以解决。综上所述，大陆高校也进行了相关的改革探索，但仅限于类似二次文献的网刊形式，纸质期刊是综合性大学学报。这跟大学学报最初的定位密切相关，教育部最早对高校学报的定位就是：大学学报是刊载高校学术成果，进行学术交流的园地，具有高校学术"窗口"的作用。既然大学学报在某种程度上与高校密切相关，也就难以摆脱跟学校共命运的局面。加之目前各高校基本上都是综合类院校，所以综合性大学学报的存在和发展并不奇怪。台湾地区也是如此。本来除了专业期刊之外，台湾地区也大量存在着综合性的大学学报，起初这些大学学报也是以刊登本校的研究成果为主，是学术交流的园地，承担起了学术信息传播的功能和学术交流平台的作用。随着西方科学引文索引系统（SCI 系列）的引进，中国台湾地区的 TSSCI 和 HTCI 纷纷把大学学报拒之门外，其理由就是大学学报以刊登本校教职工的稿件为主，具有先天的向内性，专业性和开放性不足，刊登内容过于宽泛、主题相对离散。在此导向作用下，台湾地区有些大学学报就停刊了，如《政治大学学报》等一批曾经引领学术潮流的综合性大学学报相继停刊并退出。取而代之的则是，大学的院、系、科研院所主办的单学科性的专业期刊和一些大学学报的分版。如原来的《师大学报》改出《师大学报（人文与社会类）》和《教育科学研究期刊》；《高雄师大学报》分为《高雄师大学报（教育与社会学类）》《高雄师大学报（人文与艺术类）》《高雄师大学报（自然科学与科技类）》等。有的学报分版后刊名也改了，如《淡江学报》1998 年停刊，分出三种不同的刊物《淡江理工学刊》《法政学报》《淡江人文社会学刊》。这就使得台湾地区大学主办的期刊，综合性大学学报越来越少，而相对的单学科和局部多科学报增多，学报的专业性也越来越强。

而大陆对综合性大学学报的改革，一直在酝酿和讨论中起起落落，经历了 2012 年《关于报刊编辑部体制改革的实施办法》的仓促出台及最后的不了了之，到目前为止，并没有更加明确的关于综合性大学学报改革的新思路出台。但是专业化发展一直是教育部和国家新闻出版广电总局对综合性大学学报未来发展的期望。❶这方面也可以借鉴台湾地区的发展经验，把综合性大学学报的发展方向定位在向单学科和局部多学科学报的转型上，这样比单纯的市场化改革或者集体转型为专业期刊效果更好。

二、加强文献使用的专业性定制

经过重组合并的电子期刊对读者来说确实带来一些方便。但是，学术期刊的读者并不同于其他消遣类杂志的读者，其更多地是为了科学研究，查找与自己所研究课题密切相关的问题，他们通常以主题词为检索点到数据库中检索查阅。在非互联网时代，人们查阅资料是靠翻阅、手抄、做卡片等方式进行积累，而且作为期刊订阅大户的各图书馆、资料室经费有限，所以喜欢订购专业类的期刊，读者查阅资料主题集中，乐于翻阅专业类期刊，因此也产生了图书馆制定的中文核心期刊等，用以指导订阅杂志。目前，各家学报、包括专业期刊都作为来源刊被几大数据库收录（最

---

❶　教育部，国家新闻出版广电总局. 关于进一步加强和改进高校出版工作的意见［EB/OL］. http：//www. gsedu. gov. cn/Article/Article_ 27857. aspx. 2015 - 02 - 09.

明显的就是中国知网）。读者查阅资料的方式变了，都是以主题检索的方式来查阅资料，在整个数据库中，只要输入主题检索词，不论是知名教授还是普通科研工作者的文章，不论是发表在核心期刊、专业杂志还是一般学报，只要是数据库中存在的就都能搜到。

笔者就此进行了一个对比调查。例如，同一个作者在类似的选题，接近的时间段内，发表在专业期刊、高校学报的不同论文进行被下载量的对比，并无明显的不同。由此也不难看出，虽然高校学报的纸本订阅量少，但是它的传播量却并不少，影响力也不低。以目前的主要传播途径（数字化传播）来说，一般期刊和专业期刊在传播途径上并无多大不同，其实在长期的实践摸索中，更多的高校学报已经有意无意地避开了关于专业性和综合性的艰难选择，借助数字化技术，通过搜索引擎和专业化的期刊平台将内容结构化，读者可以下载或订购有关的单篇文章，实现了使用文献的专业性。这样看来，虽然高校学报的出版形势依然是综合性的，但是在读者使用的过程中，依托数字出版和期刊平台的聚合功能，在客观上达到了文献使用上专业化的效果。这样就要求我们在新的改革形势下能更好地加强数字化建设并且不断地完善期刊的运行环境。

从事纸质媒体出版的期刊编辑需要转过来用新媒体的思维去思考问题，才能拯救传统出版业和实现转型。数字化出版和传播解决了长期以来困扰学报界的关于综合性和专业化选择的难题，超越了简单地将学报专业化的局限，更深层次形成了以读者为中心，以内容为主体，实现了读者使用文献的专业性，为读者提供了全面的、多层次的信息服务平台。❶ 从对高校学报专业化的探索转向文献使用的专业性，是我们进行高校学报改革的新方向，也是海峡两岸高校学术期刊界所共同面对的课题。海峡两岸都是采用的推进数据库建设，加强开放存取模式的研发。高校学术期刊应改变传统的只做内容提供者的角色，而向兼具信息服务商角色的方向努力。目前大数据的时代，更强调对数据的分析和利用，随着网络平台交互使用功能的延伸和加强，读者和作者可以进行单篇文章传播途径、传播能力、引用率和影响力的统计分析。目前需要更大的集成果发布、知识传播和学术

---

❶ 周小华. 用数字化实现高校学报的专业化［J］. 编辑之友，2012（6）.

评价等多功能于一体的，能够按需据实进行学术传播能力和影响力分析的平台出现，借以提升高校学报的水平。建立在平台交互基础上的集约化、规模化切实可行。❶

三、切实落实期刊编委会的职能和作用

在期刊的出版过程中，主编和编辑的作用固然重要，但是学术期刊编委会的作用也同样不可小觑。学术期刊的编委会应该由学术期刊所涉学科的相关专家、学者组成，主要负责策划选题、组织和审阅稿件，决定期刊的发展方向和选题规划。但是在实际运作过程中，由于高校人文社科综合性学报编辑部往往属于学校的一个部门，各项职能都受制于学校的管理之限，故大陆高校人文社科综合性学报的顾问委员会和编辑委员会，多是由相关学校领导和系部主任担当，聘任时更注重校内人员的职务头衔和所在部门的职能。高校人文社科综合性学报聘请校外同行专家比例不高，至于境外专家更是少之又少。这就使得编委会往往有名无实，无法发挥真正的作用。而台湾地区的高校人文社科综合性学报，设立了编委会集体定稿的原则，由于受评价体系的影响，普遍都设置了编审委员会的校外人员比例，规定校外稿件的比例，不光校内教职工的稿件，甚至刊物的校外编委所投稿件都属于内稿范畴。另外，在期刊评比中，还对退稿率进行明文规定。这对大陆高校学报来说，很值得借鉴。刊物应该设置内、外稿比例，编委会也应该设置内、外稿比例，预防"关系稿"和"人情稿"的产生，同时也利于促进学术信息的传播以及刊物的良性发展。

四、开放性和国际化程度高

台湾地区高校人文社科综合性学报的开放性越来越高，现在一般都是不再限定作者单位、甚至不限制国别，欢迎海内外作者投稿。从对文种的选择也可以看出来，台湾地区的高校人文社科综合性学报经常是中、英文混合的，学报征稿启事通常都写着"中、英文不限"或者"中、英文皆可"。从传播学的角度来看，比大陆期刊的中文稿件，英文题目、摘要和

---

❶　孙俊青. 高校学报改革方向与路径的多角度思考［J］. 出版发行研究，2014（2）.

关键词的搭配更利于对外交流和传播。

五、青年学生参与办刊

在台湾地区高校校园内，青年学生热情参与学术刊物的编校工作是有着历史传统的。颇为有名的就是 20 世纪 60 年代的台湾地区大学外文系主办的《现代文学》杂志，围绕这本杂志涌现出来白先勇、张晓风等一批著名的作家和学者。现在的台湾地区大学校园内依然活跃着一些学生创办的学术刊物，像台湾地区大学历史系学生主办的《史原》《史绎》等刊物。这在大陆出版的高校人文社科综合性学报中是看不到的。无疑，参与办刊的过程，将会锻炼青年学生的学术品质，发现学生的学术能力并挖掘其科研潜力，真正发挥高校学术期刊应有的作用。

第三章　大数据时代的中国学术期刊转型

第一节　学术期刊面临的发展机遇

在大数据时代，与学术期刊处于同一环境体系的学术创新模式、学术研究范式、知识形态、知识获取、知识交流及处理机制的改变，直接影响着学术期刊的生存和发展环境。"大数据"深刻地改变着学术期刊的边界，使学术期刊面临新的挑战和新的机遇，"大数据"将造就新意义上的中国学术期刊。我们必须积极探索以学术期刊为纽带的大数据全产业链和新业态发展路径，应用大数据技术，跳出传统学术期刊的编辑出版流程局限，实现以学术期刊为纽带的学术研究全流程传播。

"大数据"是继云计算之后的又一科技热点。当中国的学术期刊界还在没有从数字化对纸质媒体冲击中"走出来"时，大数据时代又不期而至了！在数字化时代，技术已经成为支撑所有传媒存在的基础，而作为数字化"升级版"的"大数据"时代，其移动互联网、传感网、云计算、物联网、可信计算等新兴信息技术的迅速发展，以及数字信息环境的泛在化、移动化、智能化、虚拟化的技术标准与发展取向，将更深刻地改变不同形态传媒的边界，造就新意义上的数字媒体。

一、"大数据"将深刻地改变学术期刊的边界

我国目前有期刊9851种，其中学术期刊7000余种。一直以来，学术期刊都发挥着记载、传播、普及学术研究成果的作用，保持其内容的专业性、信息的严谨性、编排的规范性、成果的创新性、出版的权威性等特点，同时它也一直将自己封闭在"投稿—编辑—出版—发行"的闭路系统

中运行，发表学术成果是它存在的最主要的意义所在。面对数字化，学术期刊界也做出了积极的回应。在我国，学术期刊的数字化进程，比起非学术期刊和数字图书出版的数字化起步更快，效果更好。❶ 从现有学术期刊数字出版的状况看，几乎所有的传统学术期刊编辑出版单位都不同程度地进入了数字出版领域，有的期刊加入了大型期刊网站，如中国知网、万方数据库和中文科技期刊数据库，有的学术期刊出版单位在加入大型数据库的同时，还独立建立了自己的网站。一批以数字化学术期刊为经营核心的企业，所建立的数据库平台功能强大，让读者能十分方便地获取相关信息，并且已经形成了一定的市场规模。但是我们也必须看到，中国学术期刊数字化进程虽然已初见成效，但离大数据时代的要求还相差很远。我国大多数学术期刊编辑出版单位的数字化工作，还只是简单地将传统学术的纸质版的内容，原封不动地交给了大型期刊数据库，由大型数据库网站统一制作，全文上网。即使是建有独立网站的学术期刊单位，也大多是网站格局雷同，将传统纸质媒体的"千刊一面"变成了数字媒体的"千网一面"，在网络空间无法延续各自传统品牌的效力。而各大型的学术期刊数据库，也达不到"大数据"时代读者对信息获取的要求。面对社会和技术的进步和"大数据"时代的巨大冲击，学术期刊却始终延续着计划经济时代的办刊体制和机制，体制上的"小、散、弱"，机制上的"各自为政""小作坊"式的粗放型经营，完全不能适应大数据对信息集约化的要求。问题的关键还在于，这种体制机制和集约化问题，单靠某个期刊编辑部是无法解决的。

二、中国学术期刊的新挑战和新机遇

从表面上看，"大数据"的概念及其价值更多的是被 IT 业和企业营销领域所关注，但从深层次看，传媒业将是受到大数据时代冲击较大的行业，中国的学术期刊也无法回避由大数据技术革命与技术创新所带来的传媒变化，大数据使学术期刊的发展面临严峻的挑战。在大数据的背景下，对学术期刊的读者来说，他们所需要的是学术信息，而并不一定是某种、

---

❶ 周小华. 中国学术期刊的数字化问题探讨 [J]. 理论学刊, 2009（4）.

某类刊物。这样，读者将从订购某种刊物转向订购相关的文章，甚至是文章中的某个部分。而这些变化将引发传统学术期刊的传播方式和发展模式的根本转变，从而带来学术期刊编辑角色和工作方式的改变，学术期刊的作者、编辑与读者的关系将趋向平等、互动和相互影响，学术成果的发表不再是学术期刊的专属，以往学术期刊的优势会被淡化，现行的以编辑部为单位各自为政的"闭门办刊"模式会被摒弃，刊与刊的边界正趋于模糊，大数据将推动学术期刊的整体转型。

同时我们也要看到，大数据时代还处在起步阶段，它同时给中国学术期刊带来了新的机遇，在面对大数据的有效运用方面，只要我们找准突破口，充分利用和整合现有资源，开拓新的传播领域，就能创造出领先国际传播技术与传播方式的学术成果传播新路径。

三、"大数据"造就新意义上的中国学术期刊

长期以来，我国传统的学术期刊都是在以编辑部为单位的"投稿—编辑—出版—发行"的闭路系统中运行，发表学术成果是学术期刊存在的意义所在。我们知道，学术研究是学术期刊的"源头活水"。但是在大数据时代，随着经济、社会、文化与科技发展一体化程度的增强，"学术研究正从过去的单一领域向全领域的方向发展，各学科间从研究视角、研究方法上的相互借鉴和深入交叉融合，使研究内容得以不断扩展，对信息的需求也成多角度、全方位和智能化。与学术期刊处于同一环境体系的学术创新模式、学术研究范式、知识形态、知识获取、知识交流及处理机制的改变，都直接影响着学术期刊的生存和发展环境。学术期刊再也不可能安静地待在象牙塔中，它必须转型、延伸和发展，融入到大数据的大学术中去。"❶

其一，应用大数据技术，跳出传统学术期刊的编辑出版流程局限，实现以学术期刊为纽带的学术研究全流程传播。可以从现有学术期刊的作者、编辑和读者的三元关系中寻找突破。目前，作者、编辑和读者共同面临的困境是，作者要花很多的精力，在众多的学术期刊中寻找适合其研究

---

❶ 周小华. 大数据时代中国学术期刊的创新发展［N］. 中国社会科学报，2013－12－18.

成果发表的期刊，有时投多家期刊都不能予以发表；学术期刊编辑为策划选题和组织稿件，也是踏破铁鞋；而读者在海量的信息中艰难地寻找有用的信息。由于目前信息量巨大，作者、编辑和读者都要花费大量的精力和时间在对信息碎片进行筛选、挖掘和整合上。而大数据技术，正可以从某种程度上解决这一问题。借鉴"中国高校系列专业期刊联合编辑部"的初步做法，我们设想，由政府相关部门搭建服务平台，建立一个以学术期刊为纽带的全国范围内的集作者、编辑和读者共享的学术研究大数据平台。在这个平台上，设计有与学术期刊编辑出版相关的学术期刊数据库与专家数据库，投稿、编辑、按需印刷、发行等工作系统，校对、查重、原文核对、基本格式规范等功能系统；信息服务、信息定制系统；还集合与学术研究相关的各类大型数据库，大学、研究机构、各类课题的研究状况，政府、金融机构、中介机构、企业等对科研成果的需求和对接情况；研究人员信息、成果转化信息、用户信息等。

在这个平台上，作者只需根据平台的提示，定向投某种期刊或者某类期刊，作者与学术期刊之间实行双向选择；学术期刊编辑可以综合利用大数据平台的多种信息源，在由"机器"提供"线索"的基础上，了解学术前沿情况、发现研究机构及相关作者的研究现状，进行更深层次的选题策划和组稿，并"协助"各类编辑软件对日常稿件进行筛选、选择审稿专家、查重、规范基本格式、校对、进行数据的深度挖掘等；读者可以根据大数据的信息结构，智能化地在浩如烟海的信息中定制或极方便地找到自己所需要的信息；政府机构、企事业单位及研究人员也可以在这个平台上，定制专业服务，获取有用信息，寻找协作研究目标，实现科研成果的有效转化。最终形成一个以学术期刊为纽带的，包含研究、投稿、编辑、出版、信息定制、按需印刷、成果转化在内的产学研合作、人才对接、协同创新的全流程互动大数据平台。

其二，必须加强对学术期刊有效运用大数据的技术研究。在大数据背景下，学术期刊的严谨性，不仅体现在理念上，还暗含着技术的支持。要加强对大数据的技术研究，探索在大数据平台上，要精细设计大数据学术期刊平台的构建过程，对构建过程中所涉及的关键技术进行深层次的探讨，❶ 以需求为指引，以信息技术与人文精神融合为重点，结合大数据学术期刊的服务模式内涵和特征，研究学术期刊大数据平台的基础框架体系、大数据处理体系、过程管理体系、大数据分析与决策体系、交互体系等。

其三，积极探索以学术期刊为纽带的大数据全产业链和新业态发展路径。"文化与科技的融合，将出现双驱动、双提升的发展趋势。"❷ 应用大数据的新技术，加强以学术期刊为纽带的大数据信息的获取、存储、组织、分析、传输、阅读、交易、协作和共享等新技术，搭建产学研合作、人才对接平台，加快实现以学术期刊为主的全媒体出版，如信息定制、按需印刷、网络出版、手机出版、云出版、电子阅读器、有声阅读、电子书包、数字期刊、专业期刊联合数据库、精品学术期刊数据库等，以适应大数据时代对中国学术期刊的新要求。

第二节　学术期刊的数字化推进

数字出版以数字化技术为支撑，以计算机网络为载体，是对传统出版形态和样式的全方位变革，数字化传播已成为学术期刊的发展趋势。面对新形势下国际数字化出版的机遇与挑战，我们必须积极引导学术期刊单位强化数字化出版意识，正确把握数字出版方向，整合出版资源，将"以内容为王"始终贯穿在数字化处理的全过程中。同时，还要转变管理思路，为数字化学术期刊的发展创造良好的政策环境，完善数字出版的相关标准，充分发挥学术期刊文献信息的社会功能。要充分运用网络技术组织编辑活动，实现编辑方式的变革。要让传统学术期刊逐步与新媒体、新传播方式相对接，实现跨媒体发展，扎实推进学术期刊数字化进程。

科技革命改变着人类历史进程，改变着媒体及其支撑环境，并影响着

---

❶ 李晨晖，崔建明，陈超泉. 大数据知识服务平台构建关键技术研究［J］. 情报资料工作，2013（2）.

❷ 陈少峰，陈晓燕. 基于数字文化产业发展趋势的商业模式构建［J］. 北京联合大学学报（人文社会科学版），2013（2）.

它的发展进程。我们看到，数字技术正在成为支撑所有传媒的存在基础、技术标准与发展取向，正在改变不同形态传媒的边界，造就新意义上的数字媒体。❶ 数字出版以数字化技术为支撑，以计算机网络为载体，是对传统出版形态和样式的全方位变革。这种改变也带来了学术信息传播方式的变革，使得信息的发布与获取手段都与以往有所不同。这就要求作为传播媒介之一的学术期刊必须改变原来单一的载体形式，以满足网络时代的读者需求。需求决定供给，只有符合社会需要的媒体才能在未来社会中获得生存和发展，学术期刊数字化已成为一种发展趋势。当然，在相当一段时期内，纸质的传统学术期刊不会消失，它只是部分改变形态，传统学术期刊正在同数字化学术期刊相互整合和融合，将传统期刊的内容优势与数字期刊的技术和网络优势相对接，实现跨媒体发展。对中国学术期刊界而言，紧跟世界出版业的发展趋势，围绕数字出版，对现有的出版资源进行优化重组，构建具有中国特色的、符合时代潮流的出版模式，乃是加快学术期刊业发展的重要任务。

一、数字化传播已成为学术期刊的发展趋势

党和政府高度重视新技术对出版产业的影响，采取了一系列重要措施来促进出版业数字化建设，我国数字出版进入了一个前所未有的发展时期。综观国内外数字出版的发展状况，技术革命与技术创新也带来了中国学术期刊的传媒变化。在我国，虽然学术期刊的数字化进程，比起非学术期刊和数字图书出版的起步更快，效果更好，但学术期刊同样面临新的传播技术和传播方式的挑战，学术期刊网络化已成为一种发展趋势。我们看到，学术期刊数字化的各种尝试也越来越引起了社会各界的关注，一批以学术期刊数字化或数字化期刊为经营核心的企业应运而生，其中一些期刊数据库、数字期刊平台等，已经形成了一定的市场规模，并实现了良性经营。

1. 从现有数字出版的学术期刊状况看

越来越多的传统学术期刊编辑出版单位进入数字出版领域，学术期刊

---

❶ 陆小华. 数字媒体观与传媒运行模式变革 ［J］. 新闻与传播，2004（6）.

数字化、虚拟化已经成为网络上很普遍的存在。在我国，学术期刊的出版单位主要通过两种途径来实现数字出版。

一是加入大型期刊网站，主要加入的是中国学术期刊网、万方数据库和中文科技期刊数据库等大型期刊网站。这些网站超大的信息量和每年上亿篇的下载量，充分显示着学术期刊数字出版的力量。在这种大型的期刊网站，就能很方便地从本学科和所需要的内容出发，通过搜索将内容结构化，从而打破了传统学术期刊尤其是综合性学术期刊的局限，能够更好地满足细分人群的个性化需求，从而创造出更多的市场需求。另外，由于通过在线传输，大大降低了成本，创造出远远高于纸质期刊的利润空间，产生了新的利润源。这种数字出版的方式，要求掌握足够多的专业期刊，建立足够大的专业数据库，才有可能满足不同专业客户的个性化需求，进而获得相应的收入。如，《中国学术期刊网络出版总库》就是大规模采用数字化技术而兴建的超大规模学术期刊文献数据库，是目前世界上最大的连续动态更新的中国学术期刊全文数据库。它收录各类学术期刊 8200 种，品种上占了同类期刊的 93%，重要内容上占 99%，收录的绝大多数期刊是从创刊号到今天，有上百年历史的期刊尽在其中。它能提供文章篇名、分类、摘要、作者、刊名、机构、关键词、引文、基金、全文等 10 多个检索入口，检索词之间可用逻辑运算符" + "" - "连接，这可以使学术信息机构采用现代化手段实现多种新的服务功能，这个平台设计已经实现了科技查新、参考咨询、知识比较、知识评价、知识推送等功能和资源网格中的各种资源，可以开展面向用户的各种增值知识服务，如查新、定题服务、知识报道、论文评审、成果评价等。《中国学术期刊网络出版总库》就是力求尽最大可能，把历史和现代积累的各类学术期刊建成一个总汇性的数据库，实现有效的存储和使用。

二是学术期刊出版单位独立建立自己的网站，或是利用大型期刊网站提供的模板建立自己具有自主版权的主页。互联网上大量的学术期刊网站、网页、链接等使得学术期刊的编辑出版模式发生了相应的变化。网站内容的设置主要分为以下五大板块。第一个板块是介绍刊物的情况，主要设有"本刊简介""顾问委员会""编辑委员会""编辑部简介""获奖情况""基本信息"和"栏目介绍"等专栏，使读者了解刊物的性质和内容；第二个板块是信息板块，主要设有"读者信箱""投稿须知""征订启事"等各种信息专栏，建立起作者、编辑、出版、发行的信息反馈系统；第三个板块是期刊的在线发布板块，有的还有预发表文章，供读者在线阅读，这是网站（或网页）的核心内容所在；第四个板块是学术资讯板块，大多设置有"学术简讯"等与学报所设栏目相联系的专栏，使学术期刊网站（或网页）成为纸质期刊的延伸和补充，充分利用网络的传播优势，提高学报的知名度，有利于学术文献信息的再传递和转摘转引率的上升；第五个板块是建立在线投稿、编辑、审稿、办公等远程工作系统，实现编辑部的管理手段网络化。这项工作目前正越来越受到学术期刊出版单位的重视。利用网络不仅发布了期刊的网络版，同时也实现了编辑部内部办公程序的网络化管理。

由此可见，我国学术期刊网络化已达到了相当的规模，学术期刊的网络化既方便了读者、研究者使用，其管理手段的网络化，也更加规范和简化了学术期刊编辑出版单位的工作程序，比传统的管理模式更加灵活和高效。通过以上分析我们看到，数字化传播扩展了学术期刊刊载的内容，延伸了出版的形式，丰富了传播的空间，改变着传统学术期刊的生产方式和消费观念。

2. 从数字化传播的技术层面看

如果根据传播技术的发展来划分，可将人类传播媒介的发展分为口语媒介、书面和印刷媒介、电子媒介三个阶段。计算机处理和互联网传播技术的渐趋完善，为数字出版提供了基础。客观地讲，数字出版是数字技术提供商、开发商、设备制造商、互联网机构、IT 公司等高新技术企业率先进入的，而出版行业则是被计算机技术的迅猛发展被动拉入到技术革命的潮流中，借助于这些渐趋成熟的技术条件，人类的传播方式和模式发生了新的转折性的关键变化。网络所承载的超大信息量，不受版面和纸张的限制，它所提供的超文本链接，检索性强，能实现编者、读者和作者的相互交流，其检索功能和交互功能都是传统的纸质学术期刊所无法比拟的，突破了纸质媒体的局限性。当前，世界通信发展的形势是通信网、互联网、广电网正在向 IP 化、宽带化和多媒体化发展，三网融合的进程也正在加快。固定网络通信也正在向下一代通信网络发展，移动通信正在向更高速率发展。移动通信和固定网络通信技术正在相互交叉、渗透，相互融合发展。数字出版也已经形成了一些体系，从电子出版物生产到终端阅读器、显示器等一整套技术装备的生产能力已经形成；数字印刷、复制技术日臻完善；海量存储的磁、光、电等新介质，扩大了出版的领域，推动着出版业的数字化革命，而学术期刊的数字化也参与了这场数字化革命，并在某些方面走在了前列。

3. 从学术信息传播的接收层面上看

学术信息的传播过程，经历了出版、发行、索引、集成检索等多个环节，在纸质出版环境下，出版商、发行商、文摘索引商、检索服务商等在学术信息传播过程中的职能一般只是出版、发行、索引、集成检索等信息服务中的一项，作用单一，并且传统学术期刊多为综合性理论刊物，对读者个体来说，每期刊物的无用信息居多。但从目前学术期刊的读者群分析看，读者选择阅读方式呈多样化趋势，而数字期刊则由于其所具备的方便、迅捷、易检索等特点，可根据读者的需要，下载和购买所需要的文章，使使用数字期刊产品的读者越来越多，年轻群体的数字阅读习惯已经形成。据统计，目前我国宽带用户已达 7414 万户，互联网用户已达 2.2 亿。❶ 数字出版物的消费条件已经具备，学术信息的数字化交流模式正日益成为读者选择的主要方式，与印刷型交流模式同时并存。面对这样的读者群，数字出版能将出版、发行、索引、集成检索等多功能相汇聚，融合以上多项环节，为读者提供全面的、多层次信息服务平台。如《中国学术期刊网络出版总库》，目前该数据库已经被国内 1.7 万家机构、2600 多万人使用，同时还远销国外 30 多个国家和地区的 500 多家机构，全年下载量超过 1.2 亿篇。

二、学术期刊数字化面临的挑战

学术期刊的数字出版所带来的全新的技术、生产方式以及相应的理念，都为传统学术期刊业提供了难得的发展机遇；同时，数字出版所带来

---

❶　娄勤俭. 我国宽带用户已达 7414 万户［EB/OL］. 通信世界网：http：//www.cww.net.cn/news/html/2008/5/20/20085201119546158. htm.

的这些全新的变革，也成为传统学术期刊业必须应对的挑战。

1. 面对国际数字出版的趋势，业界对学术期刊数字出版的动力不足

互联网和数字化技术的应用已深入到出版业的各个环节，使出版业的产品形态、运作方式、流通渠道都发生了深刻变化。业界对数字出版仍然缺乏足够的研究和认识，一些学术期刊出版单位由于受到发展思路、体制机制、技术手段、人才资源、经营管理模式等方面的限制，应用数字化技术的意识还比较滞后，对数字出版目前仍然持观望和等待的态度，对于数字化出版的动力不足、办法不多，效果不明显，与国际传媒相比，中国学术期刊的数字出版还存在一定差距。

2. 学术期刊的网站格局雷同，亟须培养新型网络出版人才

就现有的学术期刊网站（或网页）看，大多数学术期刊网站格局雷同，把传统纸质学术期刊的"千刊一面"变成了数字出版的"千网一面"，大多数学术期刊单位以单个期刊的方式在网站运作的过程中，网络期刊只是在纸质版的基础上发行的网络版，对网上信息的管理与更新也常常被忽视，信息资源相对匮乏，虽然网站（或网页）的数量不少，但访问量都不大，因此学术期刊在网络空间无法延续自己传统品牌的效力。并且，如果要想维持有大量的访问量的话，需要投入大量的人力、物力和财力，需要有充足的信息量、优质的服务、精良的技术设备和良好的网站经营等，这些都是传统学术期刊单位所难以达到的。同时，目前我国大多数学术期刊编辑出版单位采取的是加入大型期刊网站的方式发布自己的电子期刊，哪怕是拥有自主版权的主页或独立网站的学术期刊，也都同时加入了大型期刊网站，由网站统一制作，全文上网，并提供收费或部分收费的阅览、下载等服务，各期刊在加入大型网站的同时，也把期刊电子版经营权转让给了各期刊网站，编辑部缺乏对网刊的自主权，不利于期刊的发展。

3. 期刊数字化的技术支撑不力，行业标准滞后

目前从数字传播技术和行业标准看，行业标准滞后，信息化水平低，数字出版的技术系统和装备系统尚需加大研发和创新力度，元数据和信息交换格式未能统一标准，数字出版管理和数字出版的防伪、保密等技术问

题也很突出。❶ 还没有一个能涵盖新闻出版各个行业范围的、科学合理的信息分类与编码体系，没有形成一个符合行业规范的新闻出版业标准化体系。由于出版物信息格式交换标准尚未形成，导致信息交换和共享能力差，数据库建设格式不统一、无法对接的问题仍然十分突出。

4. 传统管理体制面临困境，规范化和法制化建设的矛盾日益突出

作为出版形态，从载体上，我们一般将纸质载体的期刊称为"传统期刊"，而将由计算机、网络等新兴阅读终端载体阅读的期刊称为"数字期刊"。在我国目前的管理体制下，传统期刊与数字期刊在各自的内在机制上是有区别的，传统期刊拥有正式刊号、主管主办单位和事业或企业法人身份，政府对其有一套成熟的管理办法和管理思路；而数字期刊则是一种网络或通信信息产品，它的生产者、发布者可以是期刊社，也可以是任何一个企业，对于数字期刊还没有形成十分明确的、专门的管理体系和管理办法，规范化和法制化建设的矛盾日益突出。

5. 传统出版流程、出版模式和评价标准变化，编辑的角色和功能也将发生转变

在学术期刊数字出版的环境下，传统的出版流程和出版模式均发生了变化，"出版""出版物""版本"和"版权"的概念也相应发生了改变，随之而来的，对学术期刊的评价标准也在发生改变，如核心期刊的概念将被淡化。因为在网络环境下，对用户来说，他所关心的是所需要的学术信息，并不一定要了解这些信息来自何处。这样，订购一种杂志的概念将淡化，而更多的是订购有关的文章。这些变化，也带来了编辑的角色和功能的转变。目前，尚需培养能够适应数字环境的学术期刊编辑，如何以读者为中心，运用网络技术来组织编辑活动，加强平台整合、产业整合和内容整合等问题亟待解决。

总之，与世界先进学术期刊的数字化进程相比，我们还存在相当大的差距，要清醒地认识自身现状，探索出真正符合学术期刊网络传播规律的运作方式和发展模式。

---

❶ 柳斌杰. 用数字化带动我国出版业的现代化 [J]. 出版发行研究，2006 (11).

三、扎实推进学术期刊数字化进程

在我国，学术期刊的数字化发展经历了三个阶段，即从传统期刊的电子版、纸质期刊网上数据库到各期刊出版单位创办的网站（或网页）。未来几年，我国将大力实施建设中国特色的数字出版战略，全面提升数字出版的产品和服务供给能力，发挥数字出版满足群众多层次需求的作用。在不久的将来，实现个性化出版、按需出版、即时出版、远程出版和"一种信息、多种产品"的数字复合出版的目标，已不再是神话了。但如果学术期刊始终保持陈旧的体制、落后的技术，将会使我国学术期刊停滞不前，甚至失掉传统优势。❶ 数字化传播要求学术期刊必须逐步与新媒体、新传播方式相对接，实现跨媒体发展。

1. 引导学术期刊单位强化数字化出版意识，正确把握数字出版方向

当前，学术期刊这个具有久远历史的出版形态正在经历着数字化为重要推动力的深刻变革，数字化、信息化的发展趋势，已经成为学术期刊业必须面对的一个重要问题，同时也给学术期刊社固有的出版、管理和经营模式带来了重大挑战。学术期刊的出版单位必须放宽思路、开阔视野，增强推动数字化出版的主动性和自觉性，推动学术期刊的数字化进程。要针对信息的生产模式、传播方式和读者的接收形式、应用方式的重大转变，积极参与数字化出版，除将平面内容数字化外，还要重视将整个采编、经营流程进行数字化改造，增强行业的发展活力，积极推进中国特色的数字出版体系建设，提高数字出版的创新能力。

2. 整合出版资源，将"以内容为王"始终贯穿在数字化处理的全过程中

现代信息技术的迅速发展对传统出版业所产生的冲击：数字产品在线、互动、搜索查询、大储存量，特别是能大规模地满足个性化需求等特点，确实在很大程度上能够替代纸质期刊对人们阅读的满足。但出版业无论发生什么样的变化，都改变不了它是一种内容产业，要"以内容为王"。

---

❶ 柳斌杰. 用数字化带动我国出版业的现代化 [J]. 出版发行研究，2006（11）.

从这一点说，出版的形态可能改变，而出版的功能不变。❶ 而内容生产正是传统期刊业的最大优势。期刊的生存之本是信息的生产与传播，相对于内容来说，技术永远在后面，平台永远是第二位的。学术期刊编辑者的作用不仅仅是制作一个平台，编辑们创造和编辑内容，并使读者能够得到内容，媒体的核心竞争力永远是内容。目前，学术期刊数字出版和传统出版的关系是：传统出版代表着内容的源泉，数字出版提供着服务渠道和发行渠道，而读者需要的则是内容。学术期刊的核心在内容，数字期刊的基础也是内容。由此，传统学术期刊的出版单位，要积极探索如何把现有的内容优势转化为信息化条件的传播优势的可行性的手段，在期刊数字化进程中发挥自己的内容优势，运用多元化的传播手段融入数字出版进程，利用数字化创新和拓展学术期刊的生存和发展空间，充分发挥自身的内容优势，确立在数字期刊源头的主动地位。要鼓励和支持学术期刊编辑出版单位充分发掘和整合现有的出版资源，实现内容资源、人才资源、品牌资源的优势在互联网内容建设上的延伸和发展，扩大网络出版的社会影响。

3. 转变管理思路，为学术期刊的数字化发展创造良好的政策环境

数字出版的大趋势，在某种程度上给新闻出版行政管理工作带来了新的挑战，需要我们针对期刊业的数字化发展趋势，深化出版行业管理体制改革，努力建立、健全与网络出版相适应的新管理体制，建立和健全编辑责任制度，加强网络出版的流程管理和版权管理。要不断转变管理思路、创新管理方式、提高工作水平，适应行业发展的新要求。要积极推动传统期刊实现数字化转型，促进数字期刊和传统期刊实现行业整合，制定切实可行的措施，打破传统新闻出版产业与新兴网络出版产业相互融合的体制性障碍，实现各种形态的数字出版和传统产业之间的平衡对接。同时，政府要努力为数字期刊的发展创造一个良好的环境，完善产业政策，加大政府扶持力度。在资金投入上，要积极推进出版产业的重大工程建设。

4. 完善数字出版相关标准，充分发挥学术期刊文献信息的社会功能

为了便于信息的传播、存储、处理和交流，必须对传递信息的工具和

---

❶ 陈昕，等. 美国数字出版考察报告 [M]. 上海：世纪出版集团，上海人民出版社，2008：22.

语言等有约定的、必须遵守的、严格的、科学的规范。学术期刊的规范化是对学术论文发表形式的标准化规定，是对学术成品的规格化、模式化。数字化、互联网的特点在于其互联互通和大容量、大规模，学术期刊要实现数字化、网络化，就必须首先实现规范化，即学术期刊在数字出版的过程中，除遵守传统的编排规范外，还必须按照数字出版的相关编排规范标准进行编辑出版，以便与其他检索传播系统互联，及时地在世界范围内进行传播，充分发挥学术期刊文献信息的社会功能。在我国传统学术期刊界，自20世纪80年代以来，就开始推行期刊的编排规范化，目前纸质的学术期刊的各项规范化文件都已很齐备，这些都是学术期刊编排规范化的依据。但在数字出版领域，这还是个全新的课题。如果不能很好地解决数字出版的标准问题，就将成为制约我国数字出版产业发展的"瓶颈"。新闻出版总署在近年已开始了出版业标准化的推动工作，如2006年1月发布了《图书流通信息交换规则》，出版元数据标准化和网络出版标准化的制定工作也在进行中。如何完善数字出版的相关标准，适应数字出版产业的发展要求，时任国家新闻出版总署副署长、国家版权局副局长阎晓宏在2007年举办的第二届中国数字出版博览会上的主题演讲中提出："要建立一个涵盖新闻出版各个行业范围的、科学合理的信息分类与编码体系，形成符合行业规范的新闻出版业标准化体系。通过出版物信息格式交换标准的制订，提高信息交换和共享的能力，解决数据库建设格式不统一、无法对接的问题，加快行业基础数据库的建设。"❶ 只有完善数字出版相关标准，才能充分发挥学术期刊文献信息的社会功能。

5. 运用网络技术组织编辑活动，实现编辑方式的变革

信息技术已经被广泛运用到出版工作的每一个环节，进而极大地提高了学术期刊编辑出版单位的管理水平和整合资源的能力。学术期刊的数字化、网络化载体形式的改变，也必将导致编辑方式的变革。数字化期刊中编辑工作的新特点是以读者为中心，运用网络技术组织编辑活动，进行平台整合、产业整合和内容整合，实现期刊编辑的工作程序现代化，使编辑

---

❶ 阎晓宏. 在第二届中国数字出版博览会上的主题演讲［EB/OL］. 新闻出版总署网站：http://www. gapp. gov. cn. 2007 – 07 – 18.

工作更方便、更快捷、更高效。在选题的策划、栏目的设置和有目的的约稿方面，正确而鲜明的学术导向，是期刊的灵魂所在，学术期刊编辑要充分发挥各专业学术性数据库的作用，把握学科导向，快速、及时地获取数字化的相关文献资料与相关研究信息，追踪国内外研究的最新动向。在公正地判断稿件的质量、修改加工稿件和防止学术不端行为方面，期刊编辑要充分利用检索系统与技术对稿件进行检索与查新，剔除稿件中错误的和虚假的内容，提供给读者内容科学、体例严谨、材料真实、文字通顺、逻辑缜密的信息。要积极推广编辑流程的现代化，紧密跟踪国际数字出版的最前沿的技术，不断创新和完善期刊编辑出版管理系统软件，全面实现期刊编辑出版和编辑管理的全过程的自动化。学术期刊的数字化传播对学术期刊的编排规范化的要求也越来越严格，要完善数字出版相关标准，严格执行编辑规范，促进学术期刊数字出版的全面发展。

国家高度重视数字出版，把数字化与网络化的出版和传播作为出版业现代化的重要战略，列为"十一五"期间攻坚战，这是学术期刊的数字化发展的重要战略机遇。传统学术期刊向数字化发展的优势体现在强大的编辑力量、大量的内容资源、传统媒体的品牌、忠实的读者和既有的盈利模式，在信息时代，要用数字出版新技术为人民提供更多更好的学术产品和服务。

第三节　新媒体形势下学术期刊的转型

新媒体的发展和学术研究方式、模式的变化，给学术期刊的转型带来了巨大的影响。在这里我们借用 20 世纪英国哲学家布朗依提出的"学术共同体"的概念，将全社会从事学术研究的研究者作为一个社会群体，以区别于一般的社会群体与社会组织。在互联网时代，与学术期刊处于同一环境体系的学术共同体，其学术创新模式、学术研究范式、知识形态、知识获取、知识交流及处理机制的改变，都直接影响着学术期刊的生存和发展环境。"特别是学术研究的方法，正从过去的单一领域向全领域的方向发展，各学科间的研究视角和研究方法的相互借鉴，学科间的深入交叉融合，使研究得以不断深入。"❶ 这就需要搭建学术共同体间相互联结的平台。同时，新媒体改变了学术研究和学术成果传播间的关系、结构和方式，也在改变着研究者对成果传播的需求。而"平台"和"跨界"正是学术期刊在学术共同体中实现新媒体转型的有效思路。在媒介融合的条件下，运用新媒体技术，发挥学术研究与学术期刊的内容资源优势，在学术研究体系内，将传统媒体与新媒体相融合，将学术研究成果与成果的终端需求用户直接联系，在思维观念、运作模式、产品呈现上实现真正意义上的转型，形成以新媒体技术为平台，内容相互转化，终端共享，传播体系健全，受众广泛的学术研究与学术期刊共生平台，打造学术期刊和学术研究共同体多方共赢的生态圈，是学术期刊在新媒体转型进程中重点关注的问题。这种平台模式，目前在世界范围内还找不到成功的模板，需要我们在理论和实践中加以探索。

在新媒体的推动下，"世界各国传统媒体纷纷进军新媒体领域，在媒体融合战略中不断推进媒体的组织架构调整、体制机制改革和传播体系创新。"❷ 这种局势在给我们带来新的发展机遇的同时，也让我们面临着严峻的挑战。2014 年 8 月 18 日，中央全面深化改革领导小组第四次会议审议通过了《关于推动传统媒体和新兴媒体融合发展的指导意见》，该指导意见对媒体的融合发展提出了五项要求，即立足于整合资源、研究设计传播渠道、注重个性化服务、强化互动功能、要有商业模式。从理念上、机制上、技术上、流程上、体制上融合，实现信息内容、技术应用、平台终端、人才队伍的共享融通，加速传统媒体和新兴媒体融合，优势互补、一体发展。给学术期刊的新媒体转型提出了新的要求和方向。

一、学术期刊的转型现状与存在的问题

学术研究是学术期刊的源头活水，学术期刊是学术研究成果的传播渠道之一。无论在传统媒体或新媒体中，学术研究的提升在某种程度上促进了学术期刊的发展，学术期刊影响力的大小也反映了国家学术研究的发展

---

❶ 周小华. "大数据"时代中国学术期刊的转型与发展机遇 [J]. 科技与出版，2014（4）.
❷ 刘笑盈，康秋洁. 转型迎战数字化大潮，没有完成时 [N]. 人民日报，2014 – 07 – 17.

水平，在中国学术研究的发展进程中，学术期刊发挥着举足轻重的作用。在学术研究的生态圈中，学术期刊是其中的一个重要组成部分。在传统媒体时代，学术期刊和学术出版是学术研究的重要传播媒体之一，"刊号"和"书号"则成为学术研究成果是否属于"正式出版"的"身份证"。但是，在学术期刊上发表论文，绝对不是学术研究的终点，学术研究的目的应该是发现问题和解决问题，在学术期刊上发表论文只是学术研究成果的传播途径之一。

随着互联网的发展，基于学术传播的工具、手段及渠道的更新，学术期刊与学术出版对学术成果的交流、展示和传播的作用逐渐减弱，因为现在几乎所有的研究者都能够比较容易地获得从前只有学术期刊和学术出版编辑者才能拥有的工具、技能与手段。在这里，我们借用纽约大学新闻学教授杰·罗森对新闻传播所提出的"不在场"理论，在新媒体平台上的学术传播，完全可以让学术期刊的编辑和刊物"不在场"。由此，我们不可忽视的是，学术成果的传播方式正在发生重构，只要国家放开"刊号"和"书号"的限制，或者放开"刊号"和"书号"对学术研究成果的重要社会认可价值，改变现有的学术研究评价体系，突破现有的学术研究管理模式，国家根据新媒体的传播规律和要求，重新建立和健全一套适合新媒体传播的学术成果传播体系，形成一套行之有效的学术成果评价体系，那么，谁是学术成果的出版者以及学术成果发表在什么期刊上，就不再重要了，重要的是所传播的学术观点或学术成果的意义。只要人们就学术传播的基本功能和目标达成共识，那么传播学术成果的手段、渠道、媒介都只是技术问题而已。由此，传统体制下自娱自乐的学术期刊，将不能完全担当起互联网时代真正意义上的学术传播的重任，长期以来学术期刊或学术出版对学术成果传播的垄断发布权面临瓦解。

当然，我们所说的学术期刊对学术成果传播的垄断发布权的瓦解，是指传统体制下"作坊式"运作的学术期刊组织形式和经营方式。在这里我们必须明确的是，即使在"人人都是麦克风"的新媒体平台上，社交网站也不能替代学术期刊的发布平台，学术成果的正式发表不同于新闻传播，不是任何个人和机构都可以做的，它必须有专业的门槛和标准，其中编辑和同行专家评审的角色不能缺位。编辑通过他们深厚的学术背景、长期养成的学术判断力、严谨的科研态度及开阔的视野，用严格的同行评审制度及录用标准，去判断学术成果的品质，对作者所撰写的研究成果，负有把关的责任；具备专业特长的同行专家的评审可以保证所发表成果的学术性和公正性。学术出版是需要门槛的，门槛实质上也就是准入机制。在发达国家，学术成果的发表也几乎是由专业学术期刊所"垄断"，那些不适合做学术成果发表的期刊社会逐渐被淘汰。如果学术成果的发表门槛缺失或过低，就会造成"学术垃圾""学术不端"和"假学术"的泛滥。

学术期刊在新媒体转型方面还存在不少问题，需要我们在实践中加以解决。

（一）在平台模式上，数字化学术期刊还没有实现真正意义上的新媒体转型

我国学术期刊主要分布在高校、科研机构、出版社和行业协会，如大学多为综合类学术期刊；研究机构和行业协会多为专业期刊；出版社多为系列期刊等。国际上较有影响的学术期刊则主要分布在各著名的大型出版集团及相关研究机构，如施普林格（Springer）出版公司、牛津大学出版社（OUP）、爱思唯尔（Elsevier）出版社、泰勒-弗朗西斯（Taylor & Francis）出版集团、自然出版集团（NPG）、威立-布莱克唯尔（Wiley Blackwell）出版集团、英国物理学会出版社（IOPP）等。国内外在学术期刊的网络出版方面已经开始了探索，其发展的路径基本是：由传统的"期刊"到"网站"，再到"数据库"，上升为综合网站。这是一个学术期刊的传统媒体与新媒体融合的逐级向上发展过程，后者在包括前者的同时，又是前者的升级版和高级版，同时，后者又在不断地颠覆或替代前者。即使这样，在学术共同体与学术期刊公共平台的建设方面，还没有成功的模式。国际上，最接近这个模式的如 Sharon Rogers 和 Charlene Hurt 在 1990 年提出建立一个跨学科的学术交流网络出版系统，用于网络电子期刊的出版，❶ 但这个系统也只是一个学术期刊的工作系统，没有扩大到研究领域。美国物理学会在《2020 年电子出版展望》报告中，提出由物理学科的期刊

---

❶ 王华生. 数字网络环境下学术期刊传播方式的变革及因应策略［J］. 河南大学学报（社会科学版），2011（6）.

社将其出版物以超媒体文稿的形式提交到国家物理数据库中，❶ 这种模式只是对专业学术期刊进行了横向整合。与这种整合模式类似的有施普林格（Springer），它把在线期刊、电子书和参考书全部放在一个平台上实现互联和增值，同时通过"在线优先出版"，实现了将研究成果快速推向市场的出版理念。❷ 1999 年，John W. T. Smith 提出了论文作者将自己所撰写的文章提交至一个服务器，由一个独立的文章质量评估组织来实施和完成论文的发表。❸ 2010 年，爱思唯尔（Elsevier）也提出了"按文章出版"，即在一篇文章的最终版编排完成之后就直接将之放至网络平台上正式出版，"在线优先出版"能使文章得到更早的引用。这种期刊的分解出版模式也仅仅是提供了一个学术期刊整合编辑出版流程的大平台。美国科学公共图书馆（PLoS）则提出了开放存取出版模式，即开放共享、开放访问、开放阅览，这也是学术期刊的单向信息，没有形成互动。

在我国，目前学术期刊的网络出版主要有五种模式：一是加入大型的数据库，这个模式只是简单地将纸质内容数字化。二是编辑部自建网站，这个模式沿袭着"作坊式"编辑部的体制，所起的作用大多只能算是一个编辑部的审稿、编辑、出版和发行流程工作平台而已。三是创建同行专业学术期刊权威数据库，这种窄众化的横向联合，相对于综合性大型权威数据库来说，大部分内容属于重复建设。四是"中国高校系列专业期刊"的做法，虽然突破了传统学术期刊一校一刊、各自为政的局面，但也还是纸质版学术期刊的集合体，同时学术共同体的内容在这里也没有得以呈现。五是由中国社会科学杂志社牵头建立的"中国社会科学期刊网络群"，这个网络群同样没有脱离纸质内容简单转化为网络内容的窠臼，同样不属于真正意义上的网络出版。

从以上分析我们看到，我国学术期刊的新媒体转型，还处于利用数字技术，实现刊物采编印发的全流程信息化，将纸质媒体的内容简单数字化的阶段，学术期刊的纸质版和电子版的内容大多一致，它属于主流学术出

---

❶ 王华生. 数字网络环境下学术期刊传播方式的变革及因应策略［J］. 河南大学学报（社会科学版），2011（6）.

❷ 苗晨霞. 以客户为中心：国际出版社的重要理念［J］. 中国社会科学报，2011 - 03 - 29.

❸ 臧国全. 网络电子期刊出版模式研究［J］. 中国图书馆学报，2003（1）.

版平台，包括按照学术出版的固定格式要求，规范摘要、关键词、图表、参考文献，经过编委会、同行评议，以保证学术成果出版的专业性和严谨性外，还包括国家政策规定的，在有正式刊号的学术期刊发表论文，与研究人员的各项评价指标相挂钩。这种只是将纸质换成了智能计算机和显示屏的学术期刊数字化，还不是真正意义上的新媒体学术期刊。

（二）学术期刊平台与学术研究还处于"两张皮"状态，没有形成协同共生的系统

学术研究网站之于学术期刊，是个天然的大数据库，每一个研究机构的网站都是一个数据中心，但长期以来，都零散地分布在各个教学机构和科研机构中。而传统的学术期刊，包括目前以数字化形式出现的学术期刊，它们只是独立的期刊网站或期刊群，最多也就是个期刊数据库。无论国际还是国内，学术期刊与学术研究之间的联系状况大多是以学术期刊为主体的数据库网站，其中链接有学术机构的网站；或者是在学术机构的网站中链接着与其专业相关联的期刊网站。由于所投入数字化平台建设的财力分散，目前，学术期刊与学术研究始终处于"两张皮"的状态，无法形成一个完整的学术研究与产出的主体展现平台，不能反映学术研究的全貌，也不能提供更完整、更方便的信息连接服务，更不能实现学术研究所需要的有效的信息提供、畅通的传播渠道，以及有效的媒体经营和学术成果转化经营。

同时，各个网站之间、各大型数据库之间，缺乏整体性的统一标准，缺乏统一的布局和长远目标，不仅浪费了大量的建设资金，也不便于具体、深层次、整合性地利用数据，对实现内容的共享交互操作带来了一定的困难，无法充分挖掘出学术传播的内容价值。

（三）缺乏科学的顶层设计，重复建设、学术信息不平等循环现象严重

在我国，如果说新华网、人民网等大型新媒体平台，是由国家财政扶持起来的主流媒体，那么，在学术研究平台上，国家还没有扶持和建立统一的新媒体平台。为了适应互联网时代的发展，国内多个期刊社、出版社、数字出版基地，都分别建设起学术期刊的数字平台或公共服务平台，所耗费的财力和人力也不少，但由于资金、技术和人员有限，国内期刊社

大都将"千刊一面"的纸质期刊变成了"千网一面"的网刊，而一些学术期刊的数据库或公共服务平台则是功能相似、重复，标准不一，如中国知网、维普、万方数据等，即使这样，目前它们也是我国学术期刊数字出版收益的主要来源，全国各教育、科研单位的图书馆，基本都订购了一个以上的学术期刊数据库。对中文学术期刊数据库来说，全国各大图书馆购买最多的是中国知网、维普和万方三大数据库，在外文数据库中，购买最多的是 Springer、EBSCO、Elsevier 等数据库平台下的期刊数据库。国内学术期刊社也大都加入了中国知网、维普和万方数据库，并且在数字化建设方面，国内学术期刊大都依赖于大型数据库。部分国外数据库，也同我国的部分期刊社建立了合作关系。数据库平台商与学术期刊社的合作，在客观上提高了学术期刊的数字化程度，但它们的根本目的还在于自身的商业利益。由于中国知网、维普和万方等数据库平台商分别与部分期刊签订了"独家协议"，由此，它们各自所收入的学术期刊，虽然绝大多数是重复的，但各自也都有部分的缺失。各大型图书馆为了保障文献的完整率，也不得不全部购买三个数据库，无形中降低了数据库资源的利用率，增加了数据的使用成本。这样，在学术期刊的数字化进程中，形成了一个生产与收益的信息不平等循环现象：由国家支付科研人员的工资、资助产出学术研究成果，同时还资助学术出版，期刊社（或出版社）用国家的经费编辑、出版、支付稿酬，最后国家（图书馆等）再出钱从中、外数据商手中购买本属于国家的东西，利益链的终端落在了数据平台商一方，业内将这种学术信息恶性循环的现象，借用经济学的名词称为"斯蒂格利茨怪圈"。

（四）缺乏统一完善的学术研究和学术期刊评价体系

对学术成果的评价与对学术期刊的评价，本属于相互联系的不同范畴，学术研究与办学术期刊，有各自不同的规律。但到目前为止，在我国的学术研究评价体系中是以刊定文，期刊的"等级"决定了论文的"等级"，论文发表的数量和所发表学术期刊级别，已经成为衡量学者学术水平的标准，国内的七大核心期刊（或来源期刊）遴选体系和国际公认的六大检索系统所属的评选机构，将学术期刊评价、学术研究评价以及学术国际化相链接。这个标准同时又作为大学和专业排行的依据，也成为多数学者获得职称评定、项目评审、职务晋升、争取更多的学术资源、赢得学术荣誉的重要途径。尽管各"核心期刊"的统计源和统计参数不同，但是不能阻挡"核心期刊"成为各高校及研究机构争相追逐的目标。这种将理科、工科、医科、社会科学和人文学科都"一刀切"、量化、外在的学术评价体制，不符合学术研究中各学科的内在逻辑。也正是这种将学术研究与学术期刊紧密联系起来的评价方式，使得大多数规模小、无法投入足够的资金进行数字化建设的学术期刊也能够在自己的"一亩三分地"上自娱自乐。由此，必须在学术期刊新媒体的公共平台上，建立统一的大数据链接，形成科学统一的学术研究和学术期刊评价体系。

总之，新媒体学术期刊不是单纯地为学术成果的传播提供一个简单的数字"版面"，而应当成为学术研究的参与者、学术前沿信息的及时发布者、服务者和提供者，这样，学术期刊与学术研究在新媒体平台上才能走向融合。

二、学术期刊新媒体公共平台建设的模式探讨

数字出版公共平台的建构是对技术、内容、体制问题的综合解决，在内容寻找平台和渠道的同时，平台也在探讨如何增加新的表现形式与传播手段。目前，各个学科间互相渗透，在学术共同体与学术期刊公共平台上进行解构、构造和构架，虽然它不能代替学科本身的专门研究，但是，作为各学科平台的构架，它能够站在传播的高度，提供研究的框架、规则和逻辑，将学术研究的各个领域、学科、单位、圈子等之间打通，让彼此之间有沟通和对话的渠道，让学术成果得以更有效地传播。正如喻国明认为的："传媒的概念就是，以传播为介质的这样的一种配置社会资源、商业资源及一切社会生活的整合架构，这就是传媒。"❶

（一）公共平台的基本定位和建设目标

学术期刊新媒体公共平台的基本定位是，整合国内外学术期刊与学术研究的资源，创造方便快捷的连接服务，强化用户参与和分享，打造以学

---

❶ 高海珍，喻国明. 未来的世界离不开传播学［J］. 新闻与写作，2014（8）.

术期刊为纽带的产学研合作、人才对接、协同创新的互动平台。在该平台上，参与单位既要维护好自己的"一亩三分地"，又要"走出去"与各种资源进行对接整合，去搜索与自己相匹配的相关资源，发挥自己所长，在融合中发展。将传统媒体与新媒体相融合，将学术研究成果与成果的终端需求相连接，实现学术研究"全过程、全媒体、全媒介"的传播。这种链接将创造学术共同体与学术期刊公共平台的新格局，产生出超越现有学术期刊平台的传播价值和商业价值，造就学术期刊在为学术研究服务中的巨大可能性。这个融入学术共同体的学术期刊公共平台，不仅能深刻揭示学术研究对人类科学和社会进步以及人类精神世界的影响，还能提出有价值的问题，引导未来的学术研究方向，是一个反映学术研究的科学思想及人文内涵相结合的平台，也是一个集学术性、思想性和新闻性于一体的平台。

（二）公共平台的构成要素

在这个平台上，将不同系统、不同专业和学科集群和集约化，同时与国外学术共同体（如学术机构和学术期刊数据库等）相链接，使资源优势最大化，产生叠加效应。平台的建构要素，一是在技术层面的基础网络平台、编辑出版发行的二级工作平台、终端平台、全媒介平台，以及版权代理、广告运营、电子支付、技术支持等相关辅助平台；二是汇集全球学术期刊和学术研究成果内容资源，建立庞大的内容数据库，如中外期刊数据库、研究人员数据库、研究机构数据库、研究项目数据库、各类相关数字发布等；三是聚集与学术研究相关的机构层面的二级平台，包括国家和政府的相关体系、教育体系、研究机构体系、相关学会等民间团体、社会化产学研协同合作体系的相关机构等；四是在成果呈现上实现方便检索、在一定权限下实现开放获取、定制服务、按需印刷、线上线下互动、一次编辑多渠道出版的全媒体、全媒介呈现等功能；五是保护知识产权，实现信息收费；六是构造平台的价值链和商业模式；七是建设一个多语种、国际化的开放共享平台。

（三）公共平台的特点和优势分析

学术期刊新媒体公共平台的特点，概括来说就是链接、整合、开放、共享。互联网的价值体现在链接当中，链接就是互联网本身的逻辑，在关联当中形成服务、形成价值。在学术期刊新媒体公共平台上，通过对编辑机构的整合、研究机构的整合、阅读形式的整合及效益链条的整合，统合学术研究资源，并渗透到其他终端平台，达到学术成果传播与学术研究过程的资源共享、现代技术手段与编辑手段的共享，实现该平台的链接价值。

公共平台的整体优势，一是有利于实现学术研究与学术传播的跨界、跨学科融合发展。在该公共平台的大数据基础上，打通与学术研究相关的领域、学科、机构、媒体、产业等之间的界线，通过聚合，使传播内容更为丰富、细化和深化，同时，为产、学、研的线上资源和线下资源提供"OTO"的结合和互动，不仅建立了研究与传播的共同体，同时也建立了产、学、研与传播相结合的互利共赢的利益共同体，以实现跨界、跨学科融合发展。

二是有利于学术期刊与学术研究的相互借力发展。在这个系统中，学术期刊在论文质量、学术视野、理论深度、作者层次、审稿流程、国际化程度等方面，在学术出版的"流程再造"方面，甚至包括学术期刊编辑部体制机制的改革等诸方面，将有极大的提升空间。学术期刊不再是简单地呈现给读者一本杂志、一篇文章或一次阅读，而是将专业的、精细的、不同形式的服务延伸到从学术研究到成果运用的各方面和各层面。同时，这个平台上的期刊编辑部，再也不是单打独斗的小团队了，它实现了专家群共享、作者群共享、翻译群共享、读者群共享等，作者与编辑部实现了投稿与发稿的双向选择。平台所设置的专题研讨、话题领袖等在这个平台上可以与国内外学术机构和研究者进行充分的互动。尽管如此，学术期刊在这个平台上，也仅仅是该系统的一个标配，虽然也起着关键性的作用，但是已经不是目前的学术成果传播的终点和主体。

三是有利于提升我国学术研究成果的国际显示度和影响力。一直以来，学术期刊都在努力通过国际合作，融入国际学术共同体；而国际学术机构和知名出版商同样也在积极寻求与中国学术期刊及学术研究机构的合作机会。❶ 在这个融合平台上，我国的学术期刊将有更多的渠道和机会开展国际合作，学者和学术期刊的从业人员能与国际学者、学术期刊编辑和出版商建立更有效的沟通、联系与对话。更重要的是，在这个平台上，能让大家开阔视野，立足全球学术研究的制高点，利用世界先进的理论、技术和方法，在吸收的同时进行有效地传播，提升中国学术研究成果的国际影响力。

学术研究与学术期刊在新媒体平台上的融合，使产、学、研及其传播的主体在这里交汇和互动，传统的学术研究与成果发表的边界被改变，形成"内容—平台—用户"的最短渠道。

三、着力推进学术期刊在学术共同体中的新媒体转型

在深化文化体制改革的背景下，中国进入了一个信息传播技术持续演进、国家信息传播战略不断升级的发展时期。媒介产品形态的更替、学术成果传播模式的变化以及受众的变化，使得媒介环境发生了根本性的变化，人们对媒介的依赖程度也随之加强。在学术共同体中实现学术期刊的新媒体转型，是一项系统工程，涉及流程再造、体制机制改革、价值重塑、品牌创新、边界拓展、战略设计等方方面面，必须加快思想观念的转变，并在政府的助力下生成和发展。

（一）加快从"传统媒体思维"向"互联网思维"的转变

其一，链接、服务和流量思维。过去我们通常把学术传播理解为学术成果的内容传播，但是在互联网中，由于传播的双向性，过去单向度被动的"受众"概念受到挑战。这样，大众对信息的需求就呈现出多角度、全方位、双向度和智能化。如果说在"以内容为王"的传统媒体时代以及互联网初级时期，学术期刊最大的优势就是内容，但在大数据时代，互联网的海量信息，已经远远超出了受众的注意力所能关注的能力，"内容"在互联网中的价值比例已经下降，取而代之的是如何通过信息服务，实现有效信息的链接。转型后的学术期刊公共平台，应该是以内容为中心，同时

---

❶　朱剑. 学术评价、学术期刊与学术国际化——对人文社会科学国际化热潮的冷思考［J］. 清华大学学报（哲学社会科学版），2009（5）.

"加入越来越多非内容的服务、非内容的价值创造的传播与服务，而且它的非内容的价值创造远比内容带来的市场价值大得多"。❶

其二，平台和跨界思维。我国目前的学术期刊平台，还停留在数字化阶段，而"数字化"并不是数据化。真正意义上的新媒体，不是简单地将纸质版的内容通过电子版在互联网上的简单呈现，这种呈现虽然也能通过搜索引擎找到信息，但这种由搜索引擎所带来的信息，带有明显的纯技术和平面化的局限。转型后的学术期刊公共平台，要打破现有学术期刊编辑部的小而全机制，同时打破学术期刊平台与学术研究平台"两张皮"的状态，树立学术期刊与学术共同体一体化发展思维，在内容、渠道、终端、技术、手段、资金及人才队伍上，实现共享融通，形成一体化的组织结构、传播体系和管理体制。❷ 在这个体系中，不同数据之间的内在联系，能建立起用户和信息之间的有效联系，并通过对数据的挖掘和分析，找出不同事物之间的相关关系，实现跨媒体、跨行业、跨所有制、跨地域的跨界多元化，以及全过程、全媒体、全媒介、立体、互动传播，进而实现学术研究的最大价值。

其三，社会化、公众体系思维。在传播体系的构建上，用"互联网思维"改革传统媒体的组织结构、传播体系和管理体系，打破传统媒体的"分立化"行政体系，以公众需求为出发点，在资源的整合及边界的延伸上，从单一媒介到媒介与学术共同体的融合。在这方面，首先应做好整合工作，在发挥骨干科研机构和期刊的作用的同时，应尽可能加大规模；其次，在平台建设的原则上，要遵循学术成果的传播规律和新媒体发展规律，按照新媒体的规律来融合平台，要先研究新媒体的优势，再将学术研究与学术期刊的资源优势相匹配。由于公共平台建设所涉及的面多且广，更要注重每个步骤、每个环节、每个节点以及每个页面设计的极致，达到阅读的权威、方便及简约。这就需要处理好五个关系：整体性与单一性的统一、顶层设计与分层设计的衔接、统一性与差异性的结合、长期性与阶段性的有序推进以及关联性、协调性和法律的刚性协调。将不同学科之

---

❶ 高海珍．喻国明：未来的世界离不开传播学［J］．新闻与写作，2014（8）.
❷ 刘奇葆．加快推动传统媒体和新兴媒体融合发展［N］．人民日报，2014－04－23.

间、不同部门之间、不同期刊社之间、不同管理层级之间打通，塑造"一体化"的传播体系。

（二）政府的推动是实现学术期刊新媒体转型的关键

政府对学术研究的指导及投入的合理性和科学性程度，从一个侧面体现着政府治理体系的完善和治理能力的高低。当前，国家鼓励媒体融合，在学术期刊层面，国家肩负着引领、规划和助推学术期刊数字化、国际化发展的重要使命。在学术期刊的新媒体转型进程中，由于牵涉的参与行业、单位和个人不仅数多而且面广，启动建设阶段的资金需求大，需要得到政府的大力扶持。政府对学术期刊新媒体转型的介入和推动，体现在如下几个方面。

第一，做好顶层设计。在国家层面的目标确定方面，中央《关于推动传统媒体和新兴媒体融合发展的指导意见》强调："要着力打造一批形态多样、手段先进、具有竞争力的新型主流媒体，建成几家拥有强大实力和传播力、公信力、影响力的新型媒体集团。"融合的基本路径是"以中央主要媒体为龙头，以重点项目为抓手，坚持传统媒体和新兴媒体优势互补、一体发展，坚持先进技术为支撑、内容建设为根本，推动传统媒体和新兴媒体在内容、渠道、平台、经营、管理等方面深度融合"。融合的主要方法是"重组媒体内部组织结构，构建现代化的立体传播体系，建立科学有效的媒体管理体制"。❶明确了媒体融合的方向和路径。同时，在国家的政策支持方面，2014年4月，国家新闻出版广电总局、财政部颁布的《关于推动新闻出版业数字化转型升级的指导意见》（以下简称《指导意见》）中提出的政府重点支持以下方面的工作：开展数字化转型升级标准化工作、提升数字化转型升级技术装备水平、加强数字出版人才队伍建设、探索数字化转型升级新模式。该《指导意见》在财政扶持方面提出："加大财政对新闻出版业数字化转型升级的支持力度，将新闻出版业数字化转型升级项目作为重大项目纳入中央文化产业发展专项资金扶持范围，分步实施、逐年推进。发挥财政资金杠杆作用，推动重点企业的转型升级

---

❶ 刘奇葆. 加快推动传统媒体和新兴媒体融合发展［N］. 人民日报，2014 – 04 – 23.

工作，引导企业实施转型升级项目。"❶

第二，在公共平台建设的初始阶段，需要政府的扶持性投入。一是政府数据的开放。政府的相关政策信息、学术信息和有关数据在学术期刊公共平台中有着重要的价值。二是政府采购。政府采购学术期刊公共平台的数字资源，能有效解决目前学术期刊数据库功能重复、建设重复、购买重复、资金投入重复、建设力量分散等问题，优化资源配置，走出"斯蒂格利茨怪圈"。三是政府的财政扶持。学术期刊公共平台在建设的起始阶段，必须得到政府的财政扶持性支持，用以进行内容资源建设、软件配备和硬件购置，为建设数字内容资源投送与运营服务平台奠定基础，待这个平台形成了成熟的运营模式，再依靠自身的力量发展壮大。

（三）在学术期刊的新媒体转型中必须进行"流程再造"

媒体融合中的"流程再造"是指通过对新媒体传播流程的再设计，以期取得在成本、质量、服务、速度等关键绩效上的重大突破。建立学术期刊新媒体公共平台，将为学术研究、学术成果传播以及学术成果的转换应用，提供专业的、全方位的、有影响力的学术研究全过程信息平台。陆小华认为："互联网的两个核心要素，就是便利性匹配和超细分匹配"，❷ 只有在同一个协同创新系统中，才能在流程再造中实现学术研究与成果运用的高匹配度。

其一，通过搭建精细化的管理平台，重构组织机制。"学术共同体"的概念不同于"产业价值链"，学术共同体与学术期刊在新媒体平台上的融合是一个系统工程，只有平台是不够的，还必须具有良好的组织机制和管理结构。在网站构建中，要设计精细的、统一的多媒体编辑出版工作平台，对加入平台的单位、作者、出版者、内容资源、渠道资源、版权资源、品牌资源等方面，通过先进的电子技术，设计有效可行的程序，实现精细化管理。建立标准统一的学术期刊编辑库、审稿专家库、作者库、技

---

❶ 国家新闻出版广电总局、财政部．关于推动新闻出版业数字化转型升级的指导意见［EB/OL］．中央政府门户网站：http：//www. gov. cn/xinwen/2014－04/30/content_ 2669106. htm.

❷ 陆小华．媒体未来将出现颠覆性的创新［EB/OL］．搜狐传媒：http：//media. sohu. com/20140421/n398570891. shtml.

术研发库等，在新媒体流程中共享资源，实现学术研究的传播信息一次编辑、一次同行专家评审，多种生成、多元传播。在平台上要加强国际合作，在合作中借鉴国外经验，充分利用国外成熟的技术、平台、渠道、手段等借力推进，实现更好更快的发展。

其二，建立扁平化管理结构，激发新的发展活力。目前，传统学术期刊大都还属于分立单干的"小、散、弱"的现状，与之相联系的体制机制问题，还不能适应学术期刊与学术共同体在新媒体平台上融合发展的要求。我们必须重构包括学术期刊在内的学术共同体传播生产流程，各研究机构和期刊单位要从实际出发，积极探索适合自己的融合发展模式，将个体的发展，融合到平台的发展中去。同时，通过整合，解决长期以来形成的学术期刊同质化现象。在此基础上，通过流程的再造，重构学术研究与学术期刊的评价体系。

（四）建立健全相关法律法规，严格保护知识产权

作为一个统一开放的新媒体服务平台，在资源共享的过程，必然同时会有大量的版权资源在不同角色中流转，而由于新媒体出版尚属新兴领域，现行的法律法规对新媒体来说，有些已不具备现实的可操作性。虽然2012年全国人大常委会通过了《关于加强网络信息保护的决定》，工信部也有保护个人信息的新规等，但作为法律法规体系，还没有健全和完善，比如，如何在确保知识产权的前提下，加入国际开放获取的行列等问题，还缺乏新的比较完善的法规条文。在学术期刊新媒体公共平台上，很容易产生不同类型的版权保护问题。由此，必须强化法律意识，明确合作主体，制定相应完善的相关法律法规，建立新的著作权管理保障体系，做好网络授权，规避版权纠纷，促进版权产品的使用，强化网络监管，提升消费者合法使用版权产品的意识，科学严密地保护知识产权，使著作权人的利益最大化。

（五）探索可持续发展的商业模式

在平台的商业模式方面，一是发挥财政资金的扶持作用，比如，申请国家关于科研和出版方面的基金、关于支持文化创意产业发展的资金等；二是争取该平台上参与单位的资金、民间资本、社会资本等的支持；三是

各类数据库的收入；四是探索平台资源与成果转换对接、平台资源与资本对接的新机制。在研究成果与成果转换以及与金融的对接过程中，探索平台新的盈利增长模式与途径，比如，政府采购、各研究机构订阅、成果孵化、成果转化、专利、国际版权贸易等。通过以上资本的扶持，壮大学术期刊新媒体平台的产业链，形成"政府引导、市场主导、企业主体"的发展模式，实现学术期刊平台的实体与金融资本、社会资本、高等学校资源、研究机构资源及民间资本的战略合作与对接，形成多种所有制共同发展的格局。

第四节　学术期刊数字化传播新趋势

我国的数字出版进入了一个前所未有的发展时期，新的传播技术和传播方式已被广泛运用到高校学报工作的每一个环节，进而极大地提高了高校学报的管理水平和资源整合能力。面对国际数字出版新趋势，高校学报必须强化数字出版意识，在数字出版中延伸和发展传统学报的内容和品牌资源优势，强化高校学报编辑在数字出版中"矫正器"和"学科导向人"的角色作用。同时，高校学报的数字化出版呼唤崭新的网络出版管理体制和新型网络出版人才。

我国学术期刊网络化已达到了相当的规模，学术期刊的网络化既方便了读者、研究者使用，其管理手段的网络化，也更加规范和简化了学术期刊编辑出版单位的工作程序，比传统的管理模式更加灵活和高效。它扩展了学术期刊刊载的内容，延伸了出版的形式，丰富了传播的空间，改变着传统学术期刊的生产方式和消费观念。中国的高校学报，作为中国学术期刊的一个重要方面军，也不可回避由技术革命与技术创新所带来的传媒变化。

一、面对国际数字出版新趋势，高校学报必须强化数字出版意识

在信息时代，运用数字出版的新技术为读者提供更多更好的学术产品和服务，是高校学报编辑的使命和责任。互联网和数字化技术的应用已深入到出版业的各个环节，使出版业的产品形态、运作方式、流通渠道都发

生了深刻变化，体现在数字出版上的优势就是它强大的编辑力量、大量的内容资源、传统的媒体品牌、忠实的读者和崭新的盈利模式。数字出版带来的全新技术、生产方式以及相应的理念，为传统高校学报提供了难得的发展机遇。高校学报的数字化、网络化载体形式的改变，使得传统的出版流程和出版模式也随之发生了变化，"出版""出版物""版本"和"版权"的概念也会相应地发生改变，随之而来的，对学术期刊的评价标准也有所改变，如核心期刊的概念将被淡化，因为在网络环境下编辑工作的新特点是以读者为中心，而对读者来说，他们所关心的是所需要的学术信息，并不一定需要了解这些信息来自何处，单期的纸质刊物对他们来说，无用信息居多。这样，订购一种杂志的概念被淡化，而更多的是利用数字媒体具备的方便、迅捷、易检索等特点，根据自己的需要，下载或订购有关的文章。

面对新技术的冲击，一些高校学报由于受到发展思路、体制机制、技术手段、人才资源、经营管理模式等方面的限制，应用数字化技术的意识还比较滞后，对数字出版目前仍然持观望和等待的态度，对于数字化出版的动力不足、办法不多，效果不明显，与国际传媒相比，中国高校学报的数字出版还存在一定差距。如果高校学报始终保持陈旧的体制、落后的技术，将会使我国高校学报停滞不前，甚至失掉传统优势。❶ 由此，高校学报编辑如何强化数字出版意识，适应数字化环境的要求，以读者为中心，运用网络技术来组织编辑活动，加强平台整合、产业整合和内容整合等问题，就摆在了我们面前。

面对学术信息传播方式的变革所带来的信息的发布与获取手段的不同，高校学报必须改变原来单一的载体形式，以满足网络时代的读者需求。需求决定供给，只有符合社会需要的媒体才能在未来社会中得以生存和发展，高校学报数字化已成为一种发展趋势。当然，在相当一段时期内，纸质的传统高校学报不会消失，它只会是部分改变形态，传统高校学报正在同数字化高校学报相互整合和融合，将传统学报的内容优势与数字学报的技术和网络优势相对接，实现跨媒体发展。对中国高校学报而言，

❶ 柳斌杰. 用数字化带动我国出版业的现代化 [J]. 出版发行研究，2006 (11).

紧跟世界出版业的发展趋势，围绕数字出版，对现有的出版资源进行优化重组，构建有中国特色的、符合时代潮流的出版模式，乃是加快高校学报发展的重要任务。

二、高校学报必须在数字出版中延伸和发展传统学报的内容和品牌资源优势

在学术期刊界的数字出版与传统出版的关系基本是：传统出版代表着内容的源泉，数字出版提供着服务渠道和发行渠道，最有代表性的如《中国学术期刊网络出版总库》，就是大规模采用数字化技术而兴建的超大规模学术期刊文献数据库，它是目前世界上最大的连续动态更新的中国学术期刊全文数据库。它收录各类学术期刊8200多种，品种上占同类期刊的93%，重要内容上占99%，收录的绝大多数期刊是从创刊号到今天，上百年的期刊尽在其中。并且，它能提供文章篇名、分类、摘要、作者、刊名、机构、关键词、引文、基金和全文等10多个检索入口，检索词之间可用逻辑运算符"＋""－"连接，这可以使学术信息机构采用现代化手段实现多种新的服务功能。从这里我们可以看到，现代信息技术的迅速发展，数字出版的在线、互动、搜索查询和大储存量，特别是能不受版面和纸张的限制，大规模地满足个性化需求等特点，确实在很大程度上替代了纸质期刊对人们阅读的满足，对传统出版业产生了极大的冲击。但我们同时也必须看到，无论是数字出版还是传统的纸质出版，其本质都是信息的生产与传播，出版业无论发生什么样的变化，哪怕就像《中国学术期刊网络出版总库》这样的数字平台，也都改不了它是一种内容产业，读者需要的是内容。相对于内容来说，技术永远在后面，平台永远是第二位的。从这一点看，出版的形态可能改变，而出版的功能不变，❶ 而内容生产正是传统期刊业的最大优势。高校学报编辑在数字化出版中的作用，不仅仅是制做出一个数字出版的平台，更重要的是要创造和编辑内容，并使读者能够得到所需要的内容，媒体的核心竞争力永远是内容。

目前，中国学术期刊数字化的各种尝试也越来越引起社会各界的关

❶ 陈昕. 美国数字出版考察报告［M］. 上海：世纪出版集团，上海人民出版社，2008：22.

注，一批以学术期刊数字化或以数字化期刊为经营核心的企业应运而生，其中一些期刊数据库、数字期刊平台等，已经形成了一定的市场规模，并实现了良性经营。而目前，高校学报主要是通过两种途径实现数字出版的：一是加入大型期刊网站，主要加入的是中国学术期刊网、万方数据库和中文科技期刊数据库等大型期刊网站。这些期刊数据库网站超大的信息量和下载量，充分显示着学术期刊数字出版的力量。二是高校学报独立建立自己的网站，或是利用大型期刊数据库网站提供的模板建立自己具有自主版权的主页。以上这种加入大型的期刊数据库网站，使读者能很方便地从本学科和读者所需要的内容出发，通过搜索将内容结构化，从而打破了传统高校学报的局限，创造出更多的市场需求。同时，它也创造出了远远高于纸质期刊的利润空间，产生了新的利润源。而高校学报独立建设自己的网站（或网页），使网站（或网页）成为纸质期刊的延伸和补充，充分利用网络的传播优势，提高学报的知名度，有利于学术文献信息的再传递和转摘转引率的上升。

由此，高校学报要积极探索如何把现有的内容优势转化为信息化条件下的传播优势的可行性手段，在期刊数字化进程中发挥自己的内容优势，运用多元化的传播手段融入数字出版进程，利用数字化创新和拓展高校学报的生存和发展空间，充分发挥自身的内容优势，确立在数字期刊源头的主动地位。高校学报的编辑要加强策划能力，充分发掘和整合现有的出版资源，充分发挥自己的内容资源、人才资源、品牌资源的优势，扩大数字出版的社会影响，在数字出版中延伸和发展传统期刊的内容和品牌资源的优势。

三、强化高校学报编辑在数字出版中"矫正器"和"学科导向人"的角色作用

数字出版的高校学报编辑必须扮演好"矫正器"的角色。数字化出版的特点在于其互联互通和大容量、大规模，高校学报要实现数字化、网络化，就必须首先实现规范化。高校学报的规范化是对学术论文发表形式的标准化规定，是对学术成品的规格化、模式化。在传统出版中，高校学报编辑的"把关人"和"矫正器"的作用，在数字出版中也丝毫没有减弱，

并且，高校学报在数字出版的过程中，除遵守传统的编排规范外，学报编辑还必须按照数字出版的相关编排规范标准进行编辑出版，以便与其他检索传播系统互联，及时地在世界范围内进行传播，充分发挥高校学报文献信息的社会功能。在当前，完善数字出版相关标准，就显得尤为重要。在我国传统学术期刊界，自20世纪80年代以来，就开始推行期刊的编排规范化，目前纸质学术期刊的各项规范化文件已很齐备，这些都是高校学报编排规范化的依据。但在数字出版领域，这还是个全新的课题。如果不能很好地解决数字出版的标准问题，就将成为制约我国数字出版产业发展的"瓶颈"。近年来，国家新闻出版总署已开始了出版业的标准化的推动工作，如2006年1月发布了《图书流通信息交换规则》，出版元数据标准化、网络出版标准化的制定工作也在进行中。只有完善数字出版的相关标准，严格执行编辑规范，才能促进高校学报数字出版的全面发展。

数字出版还要求高校学报编辑必须扮演好"学科导向人"的角色。坚持正确而鲜明的学术导向，是高校学报的灵魂所在，高校学报编辑要努力培养自己对相关学科的前沿敏感性，充分应用现代信息交流手段，与相关学科的研究者、作者、读者进行交流，建立起整个学科的研究者群、作者群和读者群。阅读相关的专著和文章，创造条件，更多地参与相关学科的学术活动，使自己对学科的发展趋势保持深刻的理解力和敏锐洞察力，站在学科发展的制高点上，俯瞰整个学科的最新动态和发展趋势，及时把握学科发展方向。在选题的策划、栏目的设置和有目的的约稿方面，高校学报编辑还要充分发挥各种专业的学术性数据库的作用，在把握学科导向的基础上，快速、及时地获取数字化的相关文献资料与相关研究信息，追踪国内外研究的最新动向，策划、组织和发表代表学科前沿发展的权威性文章。只有这样，才能发挥高校学报文献信息的社会功能，引导学术研究健康发展。

总之，数字化出版中高校学报编辑的"矫正器"和"学科导向人"角色要求编辑必须公正地判断稿件的质量，按照编排规范修改、加工稿件，防止学术不端行为。充分利用检索系统与技术，对稿件进行检索与查新，把稿件中错误的或虚假的问题剔除掉，提供给读者内容科学、体例严谨、材料真实、文字通顺、逻辑缜密的信息。

四、高校学报的数字化出版呼唤崭新的网络出版管理体制和新型网络出版人才

我们看到，数字技术正在成为支撑所有传媒的存在基础、技术标准与发展取向，正在改变不同形态传媒的边界，造就新意义上的数字媒体。❶就目前高校学报的数字化进程来说，大部分学报编辑部都在尝试着从传统的单一性纸质期刊向数字出版相关融合与整合的方向发展。首先，很多高校学报编辑部全面启用了期刊稿件采编系统，实现了作者的在线投稿、在线查询、上传校样，专家在线审理稿件、提交审稿意见、上传审改稿，以及编辑在线加工、处理稿件等工作，实现了稿件从收稿到发稿的全程数字化管理，也方便了作者、编者、读者、审稿专家的实时在线沟通。同时，建立数据齐全、操作简便的作者、审稿专家和稿件的数据库，改进了传统的操作方法和管理模式，提高了工作效率和编辑质量。其次，建立了网站发布系统，进行网刊发布，出版电子杂志。及时发布纸质出版物的电子版，以方便作者、读者查阅；出版电子杂志，使新媒体技术进入传统高校学报领域。再次，开辟了学术论坛，即时发布学术动态信息，以弥补纸质学报出版周期长的缺陷；定期就某学术问题进行在线交流研讨，通过平台加强与作者之间的联系，能同相关学科的研究人员一起，共同策划、组织更好的稿源，使高校学报更有针对性、更有特色。信息网络技术的超强链接功能，可以为学术交流建立起平台，从而大大提高学术沟通能力，加强行业间的学术交流。最后，实现编辑部的网络电子化办公，提高了工作效率。

信息网络技术的运用，为改变传统的纸质媒体出版发行方式提供了基础。但从目前现有的高校学报独立创办的网站（或网页）看，成果并不容乐观，大多数网站格局雷同，把传统纸质学报的"千刊一面"变成了数字出版的"千网一面"，大多数高校学报的网站（或网页），有的虽然也刊登了预发表文章，而绝大部分的内容则是在纸质版的基础上发行的网络版，对学报网站（或网页）上信息的管理与更新也常常被忽视，信息资源相对

---

❶　陆小华. 数字媒体观与传媒运行模式变革［J］. 新闻记者，2004（6）.

匮乏，虽然网站（或网页）的数量不少，但访问量都不大，在网络空间无法延续自己传统品牌的效力。并且，如果高校学报的网站（或网页）要想维持有大量的访问量的话，就需要投入大量的人力、物力和财力，需要有充足的信息量、优质的服务、精良的技术设备和良好的网站经营等，这些都是目前大多数高校学报所难以达到的。同时，目前我国大多数高校学报采取的是加入大型期刊数据库网站的方式发布自己的电子期刊，哪怕是拥有自主版权的主页或独立网站的高校学报，也都同时加入了大型期刊数据库网站，由期刊数据库网站统一制作，全文上网，并提供收费或部分收费的阅览、下载等服务，各高校学报在加入大型期刊数据库网站的同时，也把学报的电子版经营权转让给了各期刊数据库网站，编辑部缺乏对网刊的自主权，不利于期刊的发展。

作为出版形态，从载体上，我们一般将纸质载体的期刊称为传统期刊，而将由计算机、网络等新兴阅读终端载体阅读的期刊称为数字期刊。在我国目前的管理体制下，传统期刊与数字期刊在各自的内在机制上是有区别的，传统期刊拥有正式刊号、主管主办单位和事业或企业法人身份，政府对其有一套成熟的管理办法和管理思路；数字期刊则是一种网络或通信信息产品，它的生产者、发布者可以是期刊社，也可以是任何一个企业，对于数字期刊还没有形成十分明确的、专门的管理体系和管理办法。

数字出版的大趋势，在某种程度上给新闻出版行政管理工作和高校学报的数字化发展带来了新的挑战。政府要努力为数字期刊的发展创造一个良好的政策环境，完善产业政策，加大政府扶持力度，要针对期刊业的数字化发展趋势，努力建立健全与网络出版相适应的新型管理体制，建立和健全编辑责任制度，加强网络出版的流程管理和版权管理。高校学报编辑部要积极推进学报的数字化进程，紧密跟踪国际数字出版的最前沿技术，不断创新和完善期刊编辑出版管理系统软件，全面实现期刊编辑出版和编辑管理的全过程自动化。高校学报编辑要具备相当的计算机和网络知识、具备基本网络操作能力，了解多种媒体表现形式，能顺利在网络编辑系统中进行工作，直接同专家、作者和读者实行双向交流，用自己的专业知识，使网站建设符合学术传播的特性和需求。与此同时，还要改变现有的高校学报网站"千网一面"的现状，积极推动传统期刊实现数字化转型，探索切实可行的措施，打破传统新闻出版产业与新兴网络出版产业相互融合的体制性障碍，促进数字期刊和传统期刊实现行业整合，实现各种形态的数字出版和传统产业之间的平衡对接。总之，与世界先进学术期刊的数字化进程相比，我们还存在相当大的差距，要清醒地认识自身现状，探索出真正符合高校学报网络传播规律的运作方式和发展模式。

第四章　大数据时代的中国学术期刊发展

第一节　以数字化实现专业化

在高校，学术期刊是体现高校综合实力的有机组成部分，改革开放30余年，社会主义市场经济不断发展，为高校学报的发展提供了强大的经济基础；不断发展创新的政治、经济、文化、科技理论和研究，为高校学报带来了巨大的内容资源宝库；不断增长的读者群体，为高校学报业的发展提供了广大的受众基础；伴随着国际化步伐的加快，高校学报国际化的水平也在不断提高。一个围绕学科规律和学术体制，反映我国学术发展前沿成果的高校学报群，以它特殊的内容产品，已经融入了我国庞大的期刊产业体系。但是，与我国高校以外的其他期刊相比，与国外大学的学术期刊相比，中国高校学报普遍存在着市场意识薄弱、办刊模式单一的现象，普遍存在着影响因子低、年载文量少、稿源外流、英文学报少、低发行量和长出版周期等问题，❶ 存在着"同质化"的现象，没有打破"全、散、小、弱"的局面。这就要求高校学报必须有新的思路和办法，在学校层面上更好地为高校的学科建设和教学科研服务，体现本校的办学特色，促进教学和科研的发展，充分发挥它的"窗口""门面"的作用；在全国的报刊体制改革层面上，必须借助专业化与数字化两个时代特征，努力改变长期以来形成的"全、散、小、弱"的局面，实现"专、特、大、强"的目标，以适应我国的报刊业体制改革的新形势。

根据不同类别期刊的不同特点，目前中国期刊的细分格局正逐步成

---

❶ 高崇友. 高校学报国际竞争力的战略思考［J］. 曲靖师范学院学报，2004（5）.

形，期刊市场的细分化程度也日益提高。高校学报作为中国期刊的一个庞大群体，既有一般传媒的共性特征，也有个性特征，其学术性和专业性的传播内容决定了高校学报的受众范围，也决定了高校学报的专业性或综合性的选择。高校是由不同学科（专业）组成的，高校多学科的性质，决定了依附于高校的高校学报天然的综合性；而从传播媒体的性质看，专业性学报更符合传播规律。但是在中国，每所高校的刊号是有限的，一般是一校一刊、一校两刊，很少的重点大学或多校合并后的大学有一校多刊。由此，各高校基本不可能根据本校的学科需求，而分别申办相关的专业性期刊，而要在有限的学报数量内，承载更多学科的内容。所以，作为高校教学与科研成果的载体、反映众多不同学科（专业）学术成果的高校学报，可以说从它创刊的那天起，就面临着专业性和综合性的两难选择。

一、专业性学报的发展方向，是提升高校学报学术影响力的重要途径之一

高校学报作为一种学术传播媒介，其价值在于学术影响力和学术质量。专业性学报相对于综合性学报来说，能更好地尊重学科规律，体现学校的学科优势。从学科反映上看，每所高校都有着自身相对的学科优势，相对于综合性的办刊模式，专业性学报更能充分地体现学校的学科优势，它不用面面俱到地把学校的相关学科专业都照顾到，而是将相同学科专业的论文集中在一起，这样，就可以有充裕的版面去刊登重点学科专业的文章，可以更集中、更系统地体现某一领域的学科成果，凸显学报的办刊特色。从高校学报的学术影响方面看，专业性学报更有利于组织和开展各种学术交流活动，它的读者群、作者群相对集中和固定，在业内更容易产生学术影响。从读者定位看，专业性学报是期刊市场逐步细化、读者小众化的要求。高校学报的读者一般为专业人士，学报综合性的办刊模式使其具有小而全的格局，读者在一本期刊中，能找到的本专业的文章有限，这样，专业读者获取信息的方式就会偏重选择专业性的学术期刊，因为这类期刊能更集中地承载该专业的学科成果。从学报发行和期刊经营方面看，专业性学报由于专业信息量的相对集中，更利于专业人士的阅读、收集和保存，其发行对象更明确，发行量也将随着学报学术影响力的提高而扩

大；同时，随着学报在业内影响力的扩大，也有利于开发广告客户，或得到专业单位的资助。从对高校学报办刊水平的评价体系看，从某些评价体系标准上说，专业性也是学报进入国际检索的"捷径"之一，有利于提升学报的被引频次和影响因子。从编辑队伍建设看，专业性学报更有利于编辑编约稿和审稿，可以避免一个综合性学报的编辑要编辑多门学科专业稿件的现象，有利于促进编辑提高自身学术水平，有利于编辑学者化，有利于建立一个专业化的高水平的编辑学术群体，从而提升稿件的整体质量，确保刊物保持较高的学术水平。

虽然我们认为专业性学报具有"专""集中"和"高水平"的特点，但由中国高校主办的专业性学报，在整个高校学报系统中所占的比重还很小，到目前为止，大部分综合性大学主办的学报大部分为综合性学报，这类综合性学报居我国高校学报的主体地位；专业性大学大部分依据其专业特色办专业性学报、同一类型的专业性大学共同办的专业性学报，这类学报居我国高校专业性学报的主体地位；此外，还有综合性大学依据部分优势学科办的专业性学报或多版本学报、多所综合性大学的同一学科联合主办的专业性学报等，这类专业性学报的数量极其有限。高校学报的专业性问题，一直处在艰难的探索之中。

二、正视高校学报之间的差别，体现学校的办学特色和学科优势，进一步细分和优化高校学报结构

根据不同类别期刊的不同特点，目前中国期刊的细分格局正逐步成形，期刊市场的细分化程度也日益提高。高校学报作为中国期刊的一个庞大群体，既有一般传媒的共性特征，也有其不同于一般传媒的个性特征，其学术性和专业性的传播内容决定了高校学报的受众范围，也决定了高校学报的专业性或综合性的选择。高校是由不同学科（专业）组成的，高校多学科的性质，决定了依附于高校的高校学报天然的综合性；而从传播媒体的性质看，专业性学报更符合传播规律。但是在中国，每所高校的刊号是有限的，一般是一校一刊、一校两刊，很少的重点大学或多校合并后的大学有一校多刊。由此，每所高校不能根据本校的学科需求而分别申请办相关的专业性期刊，而要在有限的学报数量内，承载更多学科的内容。所

以，作为高校教学与科研成果的载体、反映众多不同学科（专业）学术成果的高校学报，可以说从它创刊的那天起，就面临着专业性和综合性的两难选择。

我们提倡高校学报的专业性发展，但是，也不宜对综合性和专业性学报进行简单的类比，如果一味地提倡高校学报的专业性，就目前来说是不现实的。其一，中国的高校学报对高校的依附性，决定了它是以高校办刊为主，承载着大量学术成果推出的功能，高校的综合性或专业性，又部分决定了学报的综合性或专业性。其二，在我国目前的报刊管理体制下，刊号资源就不能得以保证，这样，可能形成部分学科的专业多而另一部分的更为稀少，学科间成果产出的出版平衡有可能被打破。其三，我们设想，如果众多的高校学报都办专业性期刊，又缺乏高质量的专业稿源做支撑，那么学报的总体质量也同样不能得以保证，新的"众刊一面"的现象可能在专业性学报身上重演。❶

专业性的办刊模式也不可能适应所有的高校学报。高校的各学报之间存在着极大的差异性。就中国高校的类型来说，有研究型高校、教学科研型高校、教学型高校、职业培训型高校；还有名牌、重点和一般院校、民办院校等；而按高校类别分，又分为综合类、理工类、医药类、师范类、培训类等。这些高校类型的划分都或多或少地影响着学报本身的差别。❷就目前高校学报的综合性和专业性来说，大多都是依据学校的办学特点而做出的选择，抛开专业性大学中的专业性学报不说，综合性大学大多是综合性学报，专业化体现在栏目和篇目中，综合性大学中也有专业性学报，它们大多是依据学校的学科优势发展起来的。我们必须正视高校学报之间的差别，找准读者定位，依据学校的办学特色和学科优势，从细分和优化高校学报结构入手，逐步推进。

如何逐步实现中国报刊"专、特、大、强"的目标，教育部、新闻出版总署也对高校学报有新的要求，全国高校自然科学学报研究会、全国高校文科学报研究会等相关机构，都在这方面进行了积极的探索，也曾提出

---

❶ 胡政平. 综合类人文社会科学期刊发展问题研究［J］. 甘肃社会科学，2006（5）.
❷ 钱畅. 高校学报改革的认识误区［J］. 编辑学刊，2005（4）.

过对高校期刊进行集团化经营的思路，但客观地看，在短期内，类似方案还受各种条件的限制而无法实现。在专业性和综合性的选择上，目前高校学报除了现有的专业性学报以外，有的仍然保持着综合性学报的做法不变，但更加突出学报的专业特色和栏目特色；有的走向了另一种专业化：专门刊登跨学科界限的综合性的研究成果，成为真正意义上的综合类学术期刊；有的依然保持综合类学术期刊的架构，而在内容上用极大的篇幅来突出该学报的优势学科或专业领域，甚至是突出研究某一专门问题；❶ 有的综合性学报正在改版，拟办成专业性学报，正在或大步或小步地进行调整，稳步过渡到专业性学报。更多的学报则绕开了专业性和综合性的选择，在数字化建设上下大功夫，通过数字化期刊，读者可通过搜索将内容结构化，下载或订购有关的单篇文章，数字化出版打破了传统高校学报所谓综合性和专业性的界限。所以我们说，无论是专业性学报还是综合性学报，都必须正视高校学报之间的差别，要有自己的发展方向和编辑思想，依据学校的办学特色和学科优势，发挥自身的比较优势，利用新媒体技术，整合自身资源，找准自己的定位和着力点，使各学报的特色更为突出，风格更为独特，以此不断拓展新的生存空间，寻找一条可持续的、适合自身学报发展的办刊之路。

三、用数字出版将高校学报的内容结构化，实现读者使用文献的专业性

在新媒体环境下，现代信息技术的迅速发展，数字出版的在线、互动、搜索引擎和大储存量，特别是它不受版面和纸张的限制，大规模地满足个性化需求等特点，在很大程度上替代了纸质期刊对人们阅读的满足。无论是专业性学报的"专"和"集中"，还是综合性学报的多学科性和跨学科性，归结起来，其作用都表现在，它是文献内容的提供者，从文献应用角度和学科分析角度看，高校学报的数字化是解决长期以来困扰高校学报专业性和综合性选择这一两难问题的突破口和融合点。现代出版理念的

❶ 肖草. 编辑思想的自觉与综合类学术期刊的发展——第五届全国综合类人文社会科学期刊高层论坛综述［J］. 江西社会科学，2005（11）.

新特点是以读者为中心，数字出版就为读者的个性化阅读提供着服务渠道和发行渠道。对读者来说，他们所关心的是所需要的文献信息，并不一定要了解这些信息来自何处，单期的纸质刊物对他们来说，无用的信息居多，这样，订购一种杂志的概念被淡化，而更多的是利用数字媒体具备的方便、迅捷、易检索等特点，从本学科和自己所需要的内容出发，通过搜索将内容结构化，根据自己的需要，下载或订购有关的单篇文章。❶基于读者这种信息选择方式的转化，数字化出版打破了传统高校学报所谓综合性和专业性的界限，无论是综合性的或专业性的高校学报，只要它所刊发的文章被读者所选择，就等于创造出了市场需求。

另一个有效的探索是，2011 年，由入选教育部"名刊工程"中的部分综合性学报，成立了联合编辑部——"中国高校系列专业期刊联合编辑部"，推出了"中国高校系列专业期刊"❷，包括：《马克思主义学报》《文学学报》《哲学学报》《历史学报》《政治学报》《经济学报》《法学学报》《社会学报》《教育·心理学报》《传播学报》等，"中国高校系列专业期刊"与各综合性学报发表的文章同步进行数字化、专业化编排，在主要一级学科联合打造共建共有的、权威的系列专业期刊。这种方式集中了名校的科研优势，打破了校域界限，发挥新媒体的传播渠道优势，强化传播效果，填补了高校一级学科权威期刊的真空，从而实现构建高校权威专业期刊的目标。

一个国家国际话语权的大小，很大程度上取决于媒体的传播力和影响力，据统计，截至 2011 年上半年，我国固定互联网宽带接入用户已经达到了 1. 42 亿户，网民规模达到了 4. 85 亿。❸面对如此庞大的消费群体，对高校学报来说，如何将自己融入数字化平台，在期刊数字化进程中发挥自己的内容优势，为读者提供更多的高水平的学术文献信息，利用数字化，创新和拓展高校学报新的生存和发展空间，就远比把学报办成综合类还是专

---

❶ 冯虹，周小华. 中国高校学报如何面对数字化传播新趋势［J］. 北京联合大学学报（自然科学版），2010（1）.

❷ 中国高校系列专业期刊网站：http：//www. sju. cnki. net/ sju/ default. Aspx.

❸ 韦乐平. 2015 年中国电信 FTTH 薄覆盖用户将达 1. 1 亿［EB/OL］. C114 中国通信网：http://www. c114. net/news/ 117/ a635084. html.

业类的更被大家所关注。在这方面，政府要积极建立起信息传播的管理体系，包括对网络不良信息的管理、电子商务秩序的协调，以及网络安全保障体系的建构等方面❶，把规范市场、优质服务、颁布政策这三件事做好❷，让各网络出版机构能发挥更大的作用。如，截至 2011 年 6 月，"中国学术期刊网络出版总库"共收录国内学术期刊 7700 多种，包括创刊至今出版的学术期刊 4600 余种，全文文献总量 3200 多万篇，全年下载量超过 1.2 亿篇。还有诸如万方数据库、维普数据库和中文科技期刊数据库等，都为高校学报搭建了多层次的信息服务平台。有不少高校学报也建设了自己的网站或网页，同时还建立了在线投稿、编辑、审稿、办公等远程工作系统，实现了编辑部管理手段的网络化。数字出版打破了高校学报综合性学报和专业性学报的边界，在客观上实现了高校学报的专业化，以读者为中心，以内容为主体，将出版、发行、索引、集成检索等多功能相汇聚，融合以上多项环节，实现了读者使用文献的专业性，为读者提供了全面的、多层次的信息服务平台。

第二节　从整体满足到个体订制

互联网的"用户"内涵，改变并拓展了传统媒体的"受众"概念，如何服务用户、吸引用户、集聚用户，是新媒体学术期刊传播的终极目标。在国际学术传播领域，虽然按需提供个体服务尚处于起步阶段，但对学术信息用户个体需求的研究、开发和预测，已经成为新媒体学术期刊发展的新主题。基于新媒体学术期刊信息传播的分类方式，我们设想，在互联网的用户时代，将目前学术期刊"一对多"的传播模式，转化成"多对一"的个性化传播，即将目前学术期刊对受众的整体满足需求，转变为在整体满足需求的基础上为用户按需提供个体服务，从而实现由"分众传播"到"个性化传播"。只有建立在学术期刊与学术研究共同体共生平台的大数据

---

❶ 谢新洲，王靖华. 美国政府对互联网信息传播的管理及其启示［J］. 北京联合大学学报（人文社会科学版），2009（1）.

❷ 周文彰. 关于发展文化产业的几个问题［J］. 北京联合大学学报（人文社会科学版），2010（1）.

基础上，学术信息的"私人定制"才有可能实现质的飞跃。

一、新媒体学术期刊在面向用户需求方面还处在模糊混沌状态

"信息需求是人们为解决各种问题而产生的对信息的必要感和不满足感"❶。加拿大学者科亨将信息需求分为三个层次，即客观状态的信息需求、主观状态的信息需求和表达状态的信息需求❷。我们研究学术期刊的用户需求，主要是研究用户对学术信息的需求。传播学的"使用与满足理论"，将传播效果的衡量，从过去的以传播者或传媒为视角，转到从受众的视角出发，去考察传播是否达到了预期目的和效果。这种理论模式，肯定了受众的主体地位，这个"受众"在互联网的术语中即被转变为"用户"。创造和满足用户个体需求是指根据学术期刊用户的个性化特征，如专业特征、信息需求特征、接收信息行为特征等，对用户进行研究与细分，在细分的基础上设计相应的服务模式，以满足和引导用户需求，提高用户的满意度。也就是从满足用户的个性化信息需求出发，基于创造用户的信息需求以优化用户服务为目标的模式。

目前，国内外学术期刊在新媒体转型方面，特别是在满足用户个体化需求方面还处于起步阶段，其发展的基本路径是：由传统的纸质"期刊"到"网站"，再到"数据库"，从数据库又上升为"综合网站"。这种学术期刊的数字化发展，相对于传统学术期刊来说，对用户在信息的获取方式和阅读方式上，都发生了根本性的变革，给用户快捷的信息获取带来了极大的方便。但面对媒体的融合，面对数字化"用户"时代的用户，传统媒体的满足整体用户需求，必须转变到在满足整体用户需求的同时，创造用户的个体需求。而目前的数字化学术期刊，严格说来还没有实现真正意义上的新媒体转型，还停留在"满足整体需求"的阶段，主要表现在以下三个方面。

其一，在学术期刊的新媒体进程中，尚未从传统媒体思维转向互联网

---

❶ 丁宇. 网络信息用户需求的特点与利用特征及规律浅析［J］. 情报理论与实践，2003（5）.

❷ 胡昌平. 信息服务与用户研究［M］. 武汉：武汉大学出版社，2008：127.

思维，如用户思维、链接思维、跨界思维、服务思维等还很缺乏。在传统媒体的"读者"时期，学术期刊的最大优势是通过"内容"实现整体满足需求；而在互联网的"用户"时期，"内容"在互联网中的价值比例已经下降，取而代之的是通过信息的链接，实现按需提供个体服务。而目前的状况是，在学术期刊的数据库中，还没有建立对用户的管理板块，也没有用户分析，对用户的深度需求了解不够，大量的用户资源还处于个体的模糊状态，个别大型的学术期刊数据库也只能反映出某文章的下载量、被引、他引等信息，特别是在学术研究中，这种以相对的群体替代个体的信息，已经显得太粗糙，这种粗糙造成了学术信息的提供没有更具体的针对性。由此，必须牢固树立互联网思维，将新媒体学术期刊的观念真正转变到个性化用户服务上来。

其二，在平台和跨界方面，我国目前的学术期刊平台还停留在数字化阶段，而"数字化"并不是数据化。目前几乎所有的学术期刊都加入了大型的数据库，但那只是简单地将纸质内容进行数字化处理；有的学术期刊编辑部自建了网站，但也仅限于将传统作坊式编辑部的审稿、编辑、出版和发行流程在网上实现；有的还创建了同行专业学术期刊权威数据库，但还是重复着大型数据库的内容……这种简单地利用数字技术，将纸质转换成智能计算机和显示屏的学术期刊数字化，虽然也能通过搜索引擎找到信息，但这种由搜索引擎所带来的信息，带有明显的纯技术和平面化的局限，只能整体满足需求，不能实现按需提供个性化服务。在传统媒体时代，哪种期刊的发行量大，读者的覆盖面广，它的传播效果就强。而在互联网的用户时代，这一格局得到了根本性的改变：谁能够深入了解用户的个性化需求，谁就能获得更多的用户。

其三，目前学术期刊与学术研究的各个网站之间、各大型数据库或公共服务平台之间缺乏科学的顶层设计，功能相似、重复，标准不一；缺乏整体性、统一布局和长远目标；缺乏统一完善的学术研究和学术期刊评价体系，学术信息不平等循环现象严重。这样，不便于具体、深层次、整合性地利用数据，给实现内容的共享交互操作带来了一定的困难，无法充分挖掘学术传播的内容价值，缺乏提供个性化服务的成熟平台。

总之，学术期刊的新媒体转型，还没有形成一个完整的学术研究与产出的主体展示平台，不能反映学术研究的全貌，也不能提供更完整、更方便的信息链接服务，更不能实现学术研究所需要的有效的信息提供、畅通的传播渠道，以及有效的媒体经营和学术成果转化经营，这样的新媒体学术期刊，只能停留在满足用户快捷地查阅信息的"整体满足读者需求"阶段的需要。这种"整体满足需求"模式在信息渠道不够畅通、信息缺乏的传统媒体时代，还是很具吸引力的。但目前，信息过剩、信息爆炸，学术期刊已经从"读者"时代，转变为"用户"时代，用户缺少的已经不是信息，而是缺乏关注信息的"注意力"。由此，新媒体学术期刊不能再像过去那样，单纯地为学术成果的传播提供多个简单的数字"版面"，而应当成为学术研究的参与者、学术前沿信息的及时发布者、服务者和提供者，从传统媒体追求读者数量的"广撒网"，到新媒体在"广撒网"的基础上，同时专注信息质量的"钓鱼"，也就是实现学术信息的"私人定制"服务，旨在解决人们的有限注意力与无限信息之间的关系，经过对海量信息的筛选，将有用、有效的信息，有针对性、个性化地传递给所需要的用户，去创造和满足用户的个体化需求。只有这样，传统学术期刊与新媒体学术期刊、学术期刊与学术研究，在新媒体平台上才能真正走向融合。我们完全可以利用互联网技术和大数据，加强对用户资源的细化和管理，建立各类相关人员的数据库，通过加强对用户的管理，改变目前学术期刊传播中用户资源模糊混沌的现状。

二、通过用户分析和信息资源整合，创造和满足用户的个体需求

在互联网时代，新的阅读行为带来了出版格局的深刻变化。传统阅读行为偏重经典阅读，新媒体时代的用户阅读特点则是海量阅读，这种阅读不一定完整地去读每篇文章，除少量的经典文章外，更多的是碎片化地筛选有用的部分。相对于传统阅读，新媒体阅读的时效性和功利性更强。我们完全可以利用互联网技术和大数据，加强对用户资源的细化和管理，建立各类相关人员的数据库，通过加强对用户的管理，改变目前学术期刊传播中用户资源模糊混沌的现状，即从资源导向到用户导向的转变。

第一，转变观念，用互联网思维，把握新媒体学术期刊用户信息需求的新特点。在大数据背景和新技术的驱动下，新媒体学术期刊以用户需求

为导向，对学术资源进行整合，实际上也就是对用户需求的整合。这就要求新媒体学术期刊以用户需求作为工作导向，依据学术期刊用户复杂、多样、多层和多元的特性，遵循学术研究与学术传播的特点和规律。由于学术信息的数量逐年呈几何状递增，给用户提供的学术信息整合和服务的目的已不仅仅是获取庞大的学术信息，更多的是在此基础上的以用户需求为导向的深度挖掘、分析和处理，从而有针对性地提供学术信息，实现学术信息的个性化、多元化、专业化与前沿化提供。

第二，对用户进行精细化分析。传播手段的变化使以往单向的信息传播，即学术期刊发表什么，读者就读什么，逐渐转变为读者与学术期刊实行互动式构建。新媒体的学术期刊，不应该仅仅基于期刊本身能提供什么，而要站在一个更高的层面上去细分用户，在细分的基础上，才能了解不同用户的需求，再以用户的需求去驱动新媒体学术期刊的服务创新。在这方面，首先是细分用户，将传统媒体和新媒体学术期刊过去、现在和潜在的用户进行归纳和细分；其次，了解用户的当前需求、潜在需求以及可能发展的新的需求；最后，通过对用户从"整体"到"个体"的细分，有针对性地进行信息整合，提供信息产品，以满足用户的个性化需求，从而提高传播效果。

第三，管理和整合用户需求。由于学术期刊用户需求的多样、多层和多元的特点，使得用户需求不仅仅是单个用户需求的简单相加，而是形成了一个动态的概念。由此，必须以用户需求为导向，通过新媒体技术管理受众资源，整合需求，形成一套建立在科学程序基础上的需求整合机制，将整体与整体之间、整体与个体之间、个体与个体之间，按不同的需求，建立起相关的链接，准确判断用户的需求种类，明确提供需求的步骤和方式，最大限度地提升新媒体学术期刊的学术传播力。

第四，有效预测用户需求，针对用户需求提供服务。在用户需求特点的把握和精细的用户分析基础上，通过互联网技术建立相应的模型和采用新的传播方式，如个性化门户、订阅、查询、收藏、交流等服务，完全能将服务重点放在个性化服务上，从而为用户量身预测个性化的学术信息需求。

第五，要具有完备的学术信息接收跟踪机制、优化整合机制和资源的共建共享机制，为用户提供多种载体形式、多个学科内容的完整齐备的"一站式"资源获取和共享空间。学术信息资源共建共享是新媒体学术期刊发展的重点，资源共建共享是一项长期而复杂的系统工程，由于目前学术期刊的新媒体建设缺乏系统性、整体性和统一的标准，造成许多学术资源缺乏标准化、规范化和兼容性，导致新媒体的学术期刊网站重复建设及资源数据整合困难。必须建立和健全统筹协调机制，完善运行机制，实现有效的协调与管理。在学术研究与学术期刊的各个单位之间，打破现行行政管理与信息化建设的条块分割。在各类新媒体建设项目中，建设目标的确立要有顶层设计，保障政策支持和资金投入，明确组织管理。内容的开发要在总体目标的框架下加以明确，从实施方案到开发过程，都要建立规范的管理机制，要发挥各科研机构和各学术期刊在新媒体建设、特别是在内容建设方面的优势，要统筹协调、整体规划、合理分工，保障学术信息资源建设工作的有序、协调发展，做到整合硬件建设和软件设计。同时，为了避免学术信息资源的不兼容和难以查找，必须实现资源的规范化管理和标准化管理，以提高学术资源的检索效率和利用率，实现资源共享。

三、建立与培育以用户个体需求为导向的学术期刊与学术研究协同创新平台

以用户个体需求为导向的新媒体学术期刊公共平台，必须建立在与学术研究一体化基础上。我们知道，"成功的学术期刊始终是与学术研究密不可分的，而且，一定是某一学术共同体的中心，有着自己独有的作者和读者群体，学者对学术期刊有着真诚的信任感和归依感"。❶ 新媒体的出现虽然改变了学术研究和学术成果传播间的关系、结构和方式，也在改变着研究者、读者、编辑者对传播的新需求，但新媒体中的学术期刊与学术研究之间互为表里的关系不但没有变，反而更加紧密了。"学术期刊与学术研究的关系是十分清晰的，学术期刊因学术研究而生，它存在的全部意义

---

❶ 朱剑. 变革年代学术期刊的数字化生存［J］. 澳门理工学报，2013（2）.

就是为学术研究和学术传播服务"。❶ 新媒体学术期刊公共平台作为各学科平台的构架，它能够站在传播的高度，提供研究的框架、规则和逻辑，它将学术研究的各个领域、学科、单位、圈子等之间打通，让彼此之间有沟通和对话的渠道，是对技术、内容、体制问题的综合解决❷。由此，要实现学术期刊的按需提供个体服务，其前提是，要将目前尚处于疏离状态的学术期刊平台与学术研究平台，整合到同一个学术期刊数字出版公共平台上去。在这个平台上，创造方便快捷的链接服务，将不同系统、不同专业和学科集群和集约化，同时与国外学术共同体（如学术机构和学术期刊数据库等）相链接，强化用户的参与和分享，使资源优势最大化，并产生叠加效应。这种跨部门、跨行业、跨专业，且有着共生功能的平台生态群落，能有效地创造和实现用户的个性化需求，实现学术信息的"个人定制"。

第一，实现公共平台多结点的嵌入。丰富而有序的平台构建，是学术信息"私人定制"的基础，基于用户分析和用户需求，在做好顶层设计的基础上，以平台为用户的工具，以结点及其相互联结为其基本构成要素，建立新媒体学术期刊公共平台的初始母平台。在这个母平台上，通过学术期刊与学术共同体内庞大的用户群，实现用户在各子平台上的多结点嵌入。如在新媒体学术期刊的母平台上，嵌入中外文期刊数据库、研究人员数据库、研究机构数据库、研究项目数据库、各类相关数字发布等。再垂直裂变出与学术研究相关的机构层面的二级平台，包括国家和政府的相关体系、教育体系、研究机构体系、相关学会等民间团体、社会化产、学、研协同合作体系的相关机构等。再衍生出价值链和商业模式、知识产权保护，实现信息收费、开放获取、定制服务、按需印刷、线上线下互动、一次编辑多渠道出版的全媒体、全媒介呈现等寄生平台，还可以衍生出多语种的共生平台等。这种在母平台的基础上，由"平台垂直裂变，产生寄生平台、共生平台或衍化平台"❸ 的模式，将不同系统、不同专业和学科集

---

❶ 仲伟民. 缘于体制：社科期刊是个被颠倒的关系 [J]. 南京大学学报（哲学·人文科学·社会科学版），2013（2）.

❷ 徐晋. 大数据平台——组织架构与商业模式 [M]. 上海：上海交通大学出版社，2014.

❸ 刘奇葆. 加快推动传统媒体和新兴媒体融合发展 [N]. 人民日报，2014–04–23.

群集约化，汇集全球学术期刊和学术研究的内容资源，构建起标准统一、共建共享的开放体系。在这个体系中，用户在各子平台间有序、可循环的流动，实现新媒体学术期刊公共平台内各主体间的协同关联，使学术成果的呈现，在大数据基础上更方便检索。这样，学术期刊不再是简单地整体满足用户需求，而是将专业的、精细的、不同形式的服务延伸到从学术研究到成果运用的各方面和各层面。

第二，推动媒体融合内容、形式和手段的创新。应用大数据，建设资源库，通过建设公益性和市场化的学术信息资源库，在大媒体、全媒体观布局谋篇的基础上，加强新媒体学术期刊公共平台内涵发展，开发适合按需定制的产品。在新媒体学术期刊公共平台上，健全智能终端产业服务体系，开拓新兴增值业务领域，如按需定制的电子学术期刊、手机学术期刊等以数字化内容、数字化生产和数字化传输为主要特征的学术期刊出版新业态。

第三，做好新媒体学术期刊公共平台的顶层设计。2014 年，中共中央《关于推动传统媒体和新兴媒体融合发展的指导意见》提出了传统媒体与新媒体融合的基本路径是："以中央主要媒体为龙头，以重点项目为抓手，坚持传统媒体和新兴媒体优势互补、一体发展，坚持先进技术为支撑、内容建设为根本，推动传统媒体和新兴媒体在内容、渠道、平台、经营、管理等方面深度融合。"❶ 这一文件在国家层面明确了媒体融合的方向和路径。这种深度融合体现在新媒体学术期刊公共平台建设上，不是简单地将分散的学术期刊网站的合并，而是一种学术期刊新媒体与学术研究的融合、联动发展，是新型媒体业态的规模化、集约化、专业化培育，是一种注重媒体融合附加值提升的转型与提升。除了在国家层面由政府制定的路线、方针和目标外，平台的组织者要基于用户需求，加强新媒体学术期刊公共平台战略规划的制定，进行"流程再造"，通过搭建精细化的管理平台，重构组织机制，建立扁平化管理结构，激发新的发展活力，为学术研究、学术成果传播以及学术成果的转换应用，为实现学术信息的"私人定制"，提供专业的、全方位的、有影响力的学术研究全过程信息平台设计。

---

❶ 刘奇葆. 加快推动传统媒体和新兴媒体融合发展［N］. 人民日报，2014 – 04 – 23.

第四，发挥政府对新媒体学术期刊平台建设的引导作用。由于学术研究和学术信息的开发和共享，在一定程度上属于公益性事业，由此，在新媒体学术期刊公共平台建设中，政府的规划引领、资源统筹、政策调节和公共服务尤为重要。其一，要完善传统媒体与新媒体相融合的各项配套政策及扶持政策，充分发挥政策的集成优势，在政策上促进和支持新媒体学术期刊公共平台的搭建。其二，建立健全科学有效的新媒体管理机制和灵活高效的运行机制，推动传统学术期刊与新媒体学术期刊的融合发展。在这个过程中，政府必须要实现三个转变，即"转变观念思维、转变生产经营、转变体制机制"。❶ 打破传统管理中的刊号、年审、政治审查那一套思维定式和路径依赖，用互联网的思维，即市场、用户、销售、产品、生产、文化企业等要素，由办媒体向管媒体转变。创建学术期刊的传统媒体与新媒体融合的体制机制，创新新媒体学术期刊公共平台上的运行机制、管理体制和组织架构，建立学术期刊与学术研究相统一的评价体系，建立健全新媒体学术期刊的准入和退出机制。其三，完善学术期刊新媒体平台的市场利益激励机制，建立公平合理的学术信息产业链利益分配格局，完善著作权、版权等无形资产评估确权体系，加快数字版权保护技术研发，提高对数字版权的保护能力，加大版权保护力度。

大数据时代使人们的思维方式和信息获取方式，都发生了根本性的转变，随着跨学科、跨领域学术研究的深入和对数据相关性的探索，以用户需求为导向的学术资源整合思路和服务模式必将成为新媒体学术期刊发展的新趋势。将新媒体学术期刊对受众的整体满足需求，转变为在整体满足需求的基础上，为用户按需提供个体服务，是一项复杂得多主体、多属性创新。朱剑认为，"数字化对于学术期刊而言至少有三方面功能：快速传播，信息聚合，在大量信息聚合基础上的个人定制。将来的数字化期刊一定会更主动，通过你的阅读习惯，对你在网络上阅读痕迹的分析，知道你关心什么问题，关心哪些作者，单独为你做一本期刊。个性化期刊，一定

---

❶ 国家新闻出版广电总局党组书记、副局长蒋建国在 2014 年 10～11 日在京举行的出版传媒集团主要负责人座谈会上的讲话. 新华网：http：//news. xinhuanet. com/politics/2014 – 10/11/c_1112787521. htm.

是数字化期刊将来要走的一条路"。❶ 我们要用互联网思维，真正理解互联网时代媒体与用户的关系，在学术期刊的新媒体转型中，从目前的资源型，向面向用户型转化，从以提供内容为本，转变到以用户为本，把学术期刊的服务"建在用户桌面和用户过程中"❷。

第三节　组建高校学术期刊联盟

高校学术期刊体制改革已是大势所趋。尽管业内存在很多不同的改革观点，但是，如何调整报刊业结构，转变报刊业发展方式，实现报刊业集约化经营，培育大型报刊传媒集团，推动传统报刊业向数字化、网络化现代传媒业转型，❸ 已成为我国学术期刊发展不容回避的问题。

一、成立"全国高校学术期刊出版传媒集团"是高校学术期刊改革的路径之一

在不改变现有的高校学术期刊编辑部体制的前提下，如何把高校学术期刊做大做强，是我们共同探讨的问题。根据"分类指导，稳步推进"的改革原则，我们认为，条件成熟的高校学术期刊编辑部可以自愿率先转企。对于不具备转企条件或具备条件但没有转企意愿的编辑部，我们设想，可借鉴"中国高校系列专业期刊联合编辑部"的做法，由"中国高等学校文科学报研究会"和"中国高等学校科技期刊研究会"共同牵头，由全国高等学校学术期刊编辑部自愿加入，建立"全国高等学校学术期刊出版传媒集团"（以下简称"传媒集团"）。进入"传媒集团"的学术期刊实行动态的双向选择，由集团依据相关的标准，建立健全"传媒集团"的准入和退出机制，科学配置高校学术期刊资源。集团充分利用国际、国内两种资源、两个市场，探索形成可持续发展的商业模式。

---

❶ 颜维琦，曹继军. 人文社科期刊之困如何解 ［N］. 光明日报，2014 – 09 – 11.

❷ 张晓林. 让数字图书馆驱动图书馆服务创新发展——读《国际图联数字图书馆宣言》有感 ［J］. 中国图书馆学报，2010（3）.

❸ 仲伟民，朱剑. 中国高校学报传统析论——兼论高校学报体制改革的目标与路径 ［J］. 清华大学学报（哲学社会科学版），2012（5）.

二、"传媒集团"和集团内各编辑部的定位

我们设想，"传媒集团"的主要任务是：其一，实行集约化管理，进行跨媒体、跨地区、跨行业、跨所有制、跨国界发展。其二，以中国知网为依托，在现有基础上搭建高校学术期刊数字出版平台，引进新业态，实现全媒体传播。其三，引入职业经理人制度，实现高校学术期刊集约化经营，负责集团内部学术期刊的按需印刷、统一出版、纸质和电子版的发行及广告等工作。其四，开拓集团的融资渠道，促进传媒集团走向资本市场。其五，申请相关国家资助基金，负责集团内包括学术活动、培训在内的等各项工作的开展。其六，负责集团内联系各学术期刊编辑部的组织协调工作等。组建股份制的强势平台，实现集约化管理和规模效应。

加入集团的各个高校学术期刊编辑部，作为集团属下的一个股份制编辑单位，依然保留纸质版的本校期刊，依旧是所在高校的一个独立的部门。各编辑部根据自己的优势，塑造自己刊物的学术品质和文化特征，走内涵式发展之路。根据原新闻出版总署印发的《实施办法》中提到的"按照谁主管谁负责原则，落实改革任务，明确管理责任，确保改革顺利进行"，由各主管主办单位确定现有的编辑部人员体制问题，与所在高校的整体改革相一致。根据编辑权与经营权分开的原则，各期刊编辑部保留编辑权，放弃现有的出版、印刷、经营和发行权。由于起步阶段"传媒集团"只是个非营利的服务性组织，1000册以内的排版及纸质印刷费用由主办单位承担，1000册以上的发行费用按一定百分比的版税，返给编辑部；同时在集团的集合下，打破现有大型数据库"一网打尽"廉价购买学术期刊内容的做法，按照新的标准提高网络内容资源的酬金。加入集团的各编辑部享有由集团提供的各项相关服务，以及在集团盈利后的按一定的方式和比例分红。

三、搭建数字出版平台，实现高校学术期刊的全媒体出版

"传媒集团"在搭建数字平台上要打破刊与刊、校与校的界限，也改变各家编辑部分别将期刊内容低价提供给国内大型数据库的做法，由"传媒集团"集中经营高校学术期刊数字内容的发行权，集中财力和人力，实

行内容的联合重组。将出版与科技、传统生产经营方式与现代生产经营方式进行深度融合，将网络出版、手机出版、电子书出版、云出版等为代表的新业态、新产业引入学术期刊出版领域，打造全媒体产业链。

"传媒集团"的成立，还能使高校学术期刊在新媒体环境下，最大化地争取政府的支持力度，如在政策上给予倾斜、经济上给予资助，在技术和人才上给予保障，并且能融入目前国家正在进行的数字版权保护技术研发、国家数字复合出版系统、数字出版内容投送平台及绿色印刷技术研发工程等国家重点工程的实施中去，集中管理和整合高校学术期刊的内容资源，推动传统高校学术期刊向数字化、网络化现代传媒业转型，尽快实现高校学术期刊整体的跨媒体和全媒体传播。

四、推动建立现代企业制度，引入职业经理人，实现高校学术期刊集约化经营

现在的"中国高等学校文科学报研究会"和"中国高校科技期刊研究会"等属于社会组织，由大家推举出的德高望重的业内专业人士无偿地为大家服务，研究会的组织者全部都是各个学报的主要领导，在本单位都承担着重要的办刊、科学研究、教学和行政工作，如果成立全国性的"传媒集团"，他们的主要精力要放在集团大政方针的制定和宏观领导上，将没有更多的精力处理集团的具体经营事务。这样，"传媒集团"要建立规范的现代企业制度，在理顺各项隶属关系和利益关系的前提下，引入职业经理人来经营传媒集团。传媒集团内可成立若干部门，如总编室、技术部、网刊部、印制发行部、版权部、广告部、培训部、项目部、财务部等，引入专业的部门经理人，实行集约化管理，进行跨媒体、跨地区、跨行业、跨所有制、跨国界的发展，在新的平台上，发挥"传媒集团"麾下编辑部的整体力量，如申请政府资助、与金融资本对接、网络资源全媒体服务、组织学术活动、开展专业研讨、进行专业培训等，力争在不太长的时间内，将传媒集团培育成大型的、中国高校学术期刊的"航空母舰"。

五、拓宽传媒集团的融资渠道，促进传媒集团走向资本市场

在拓宽融资渠道方面，其一，要发挥财政资金对高校学术期刊产业的

引导作用，最大限度地争取政府资金的扶持力度。比如，申请国家出版基金、申请从国家到地方的各相关部委、委员会等每年投入到科研项目的资助经费；各地用于支持文化创意产业发展的专项资金。其二，全国各高校的支持。探索加入"传媒集团"的高校，采用一定股份共建共享的资助方式，共建传媒集团。其三，充分利用金融机构的各种文化创意产业投融资服务平台，还可以从银行融资等。通过金融手段，以政府支持的财政资金做金融杠杆，吸引高校资源、社会资本和民间资本，扶持并壮大期刊产业链，形成"政府引导、市场主导、企业主体"的发展模式，实现"传媒集团"与金融资本、社会资本、高校资源及民间资本的战略合作与对接，形成多种所有制共同发展的格局。

六、实现高校学术期刊整体转型升级，增强高校学术期刊出版传播能力

"传媒集团"的建立，将实现高校学术期刊的整体转型升级，增强高校学术期刊出版传播能力，扩大高校学术期刊在国内外主流人群中的影响力。中国高校学术期刊群体从某种意义上，代表了中国学术的发展水平。如果说各个单本的期刊还处于弱小的"小帆船"状态，但这个学术期刊的联合体就是我们国家学术研究的"航空母舰"了。无论是作为中国期刊走向国际的版权输出，还是政府作为向公众所提供的公共服务产品，它都是能代表中国水准的品牌。可以在以下两个方面探讨增强高校学术期刊的传播能力。其一，探讨提升高校学术期刊的公共服务水平的路径，如将部分数据库加入政府的惠民工程，由政府买单，进入全民阅读中长期规划、书香之家（乡、县、市）推荐网站，部分科技期刊库进入"数字农家书屋"的目录，部分民族期刊进入"少数民族东风工程"目录等，在服务中提升全民的整体素质。其二，充分利用国际、国内两种资源、两个市场，探索可持续发展的商业模式，加大高校学术期刊数据库的版权输出，推动中国高校学术期刊走向世界，从多方面增强高校学术期刊的传播能力。